THE 상남자 BBQ 레시피 77

TOUGH GUY BARBECUE RECIPES
BY BASE CAMP A-SUKE

용동희 옮김

GREENCOOK

INTRODUCTION

BBQ는 원래 미국에서 유래된 것으로 호스트가 시간을 들여 정성껏 고기, 생선, 채소 등을 구워서 손님에게 대접하는 것을 말하지만, 한국이나 일본에서는 「야외에서 직접 불에 구운 요리」라고 생각합니다.

인류가 처음으로 불을 손에 넣은 것이 언제인지는 잘 모르지만, 불은 인류에게 「빛」과 「열」을 주었습니다. 불을 사용하면서 어두운 밤에도 활동하고, 위험한 동물로부터 몸을 보호하며, 따뜻하게 지내고, 음식을 익혀서 먹기 시작했습니다. 그리고 가열 조리를 통해 인류는 단단한 것을 부드럽게 만들거나, 더 오래 저장할 수 있는 상태로 변화시킬 수 있게 되었습니다. 처음에는 그저 굽는 것이 전부였지만 오랜 시간을 거쳐 현재의 조리기술로 진화하였습니다.

BBQ를 다르게 표현하면 「옛날 방식으로 요리하는 것」입니다.

불과 얼마 전까지만 해도 사람들은 장작불로 밥을 지었습니다. 여러분도 그 감각을 익혀서 끊임없이 변화하는 불과 고기와 마주하는 일을 즐겨보세요. 처음에는 잘 안 될 수도 있습니다. 하지만 횟수를 거듭할수록 성공률은 점점 높아집니다. 내 안에서 진화가 일어나는 것이라고 하면 지나친 표현일까요? 원시적인 능력이 향상되는 것은 틀림없습니다.

멋지지 않나요? 이 책의 주제는 그런 원시적인 멋이 있는 「상남자 BBQ」입니다. 상남자 BBQ의 정의는 「간단하다」, 「맛있다」, 「재료활용 끝판왕」입니다.

이 책이 당신의 원시적 감각을 성장시키는 계기가 되었으면 합니다.

상남자 BBQ

정의 1
간단하다

→ **p.019**

비프 스테이크
BEEF STEAK

소금과 후추를 뿌려서 굽기만 하는, 초간단 레시피. 소스로 변화를 줘서 여러 가지의 맛을 즐겨도 좋다.

→ p.089
베이컨 파인애플
BACON PINEAPPLE

이미 조리된 가공품을 사용하면 양념도 필요 없다. 게다가 오래 구울 필요도 없기 때문에 순식간에 완성된다. 간단하고 맛있다!

손이 많이 간 요리가 맛있는 것은 당연하지만, 「간단한데 이렇게 맛있다니!」라고 할 수 있어야 상남자 요리다. 몇 가지 안 되는 적은 재료로도, 단순한 조리방법으로도, 놀랄 만큼 맛있는 요리가 만들어지는 것은 역시 「숯불의 힘」 덕분이다.

살짝 과장하면 팩에서 꺼낸 고기를 석쇠에 올려 굽는 것만으로도 맛있다. 그것이 BBQ다. 그에 더해 재료와 조리방법에 맞게 도구를 바꾸거나, 구울 때 조금만 더 신경을 쓰면 더욱 맛있는 요리가 완성된다. 그런 간단하고 맛있는 레시피를 즐겨보자.

→ p.071
양배추구이
ROASTED CABBAGE

굽기만 하면 된다! 먹음직스럽다! BBQ이기에 가능한 통채소 구이는 추천 레시피 중 하나.

상남자 BBQ

정의 2
맛있다

→ p.097
오리고기 로스트
ROASTED DUCK MEAT

조금 야생적인 맛의 오리고기는 소금, 후추만으로 심플하게 간을 해서, 발사믹소스와 함께 먹는다.

「숯불」이라는 최고의 향신료가 있기 때문에, 상남자 BBQ에는 과한 양념이나 복잡한 조리과정이 필요없다. 필요한 것은 재료 고유의 맛을 잘 살려주는 조미료와 조리방법. 그렇다고 고기든 채소든 생선이든 모두 소금과 후추만 뿌려서 굽기는 아쉽다(그것도 충분히 맛있지만). 이 식재료에 필요한 것은 화이트와인일까? 아니면 버터나 된장? 이렇게 맛과 정성을 살짝 더해 고기와 채소를 평소보다 더 맛있게 굽는 것이 상남자의 BBQ다. 심지어 복잡하지 않고 간단하다.

→ p.072
알록달록 채소구이
GRILLED COLORFUL VEGETABLES

구우면 퍼석해지거나 쪼글쪼글해지기 쉬운 채소를, 작은 아이디어로 맛있게 굽는 방법을 전수한다.

p.067
참치 꼬리살 스테이크
TUNA TAIL STEAK

참치에 어울리는 허브와 화이트와인으로
향긋하고 부드럽게 굽는다.

상남자 BBQ

BBQ를 해보면 석쇠 위에서 딱딱해진, 먹다 남은 고기와 채소를 자주 목격하게 된다. 먹을 만큼만 구우면 남지 않겠지만 그것도 쉬운 일이 아니다. 그렇지만 이건 상남자답지 않다. 그래서 남은 음식에 살짝 아이디어를 더해 남기지 않고 끝까지 모두 맛있게 먹을 방법을 고민했다. 단, 석쇠 위에 방치된 질긴 고기는 손질해도 맛있기 어려우므로 다 구워진 고기, 채소, 생선은 석쇠 가장자리로 옮겨서 따듯한 상태로 맛있게 먹고, 남는 것은 불 위에 두지 말고 반드시 다른 그릇에 옮겨 놓는다.

정의 3 | 재료활용 끝판왕

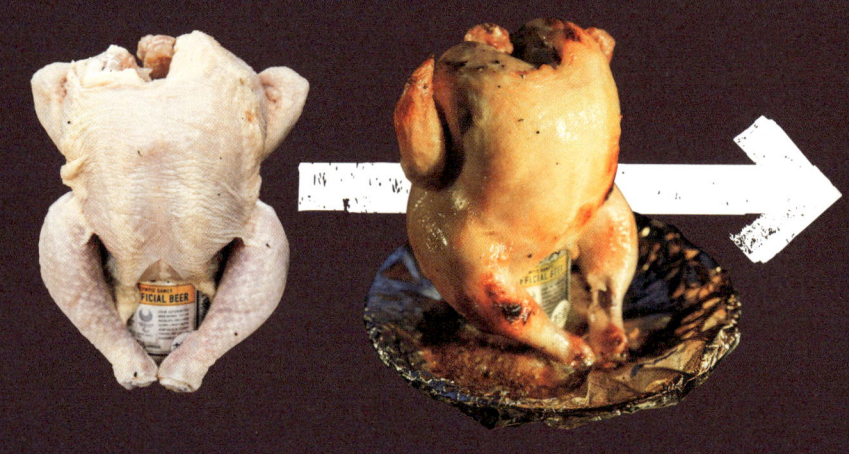

→ p.051
비어캔 치킨
BEER CAN CHICKEN

끝까지 모두 먹어치우기 위한 대표적인 레시피가 비어캔 치킨이다. 잘게 찢은 고기는 물론 닭뼈도 국물을 우려내 남김없이 먹는다. p.9에 소개한 요리말고도 활용방법은 무궁무진하다.

→ p.055
치킨 리소토
CHICKEN RISOTTO

→ p.054
치킨 샌드위치
CHICKEN SANDWICH

→ p.054
닭뼈 수프
CHICKEN BROTH SOUP

→ p.055
치킨 시오라멘
CHICKEN SHIO RAMEN

CONTENTS

INTRODUCTION ··· 2
상남자 BBQ의 정의 ································· 4

PART 1
고기·생선·채소 잘 굽는 방법 ········ 12
- 맛있게 굽기 위한 3가지 조건 ············ 14

스테이크용 소고기
- 스파이스 스테이크 ································ 17
- 비프 스테이크 + 버섯소스 ················· 19
- 스테이크 소스 8종 ······························· 20

덩어리 소고기
- 로스트 비프 ··· 23
- 로스트 비프 + 발사믹소스 ··················· 24
- 로스트 비프 덮밥 ································· 25
- 로스트 비프 샐러드 ····························· 25

다진 소고기
- 비프 햄버그스테이크 ··························· 27
- 칠리 빈즈 ··· 29
- 치즈 햄버그스테이크 ··························· 30
- 수제 버거 ··· 31
- 타코 라이스 ··· 31

슬라이스 소고기
- 숯불구이 ·· 33
- 만화 속 뼈다귀고기? ··························· 35
- 오리지널 양념장 + 상추 ······················· 36
- 뼈다귀고기 랩 샌드위치 ····················· 37

덩어리 돼지고기
- 로스트 포크 ··· 39
- 삼겹살 차슈 ··· 41
- 로스트 포크 + 발사믹소스 + 로즈메리 감자 ··· 42
- 삼겹살 볶음밥 ······································· 43

두툼하게 썬 돼지고기
- 허니머스터드 구이 ······························· 45
- 미소된장 삼겹살 구이 ························· 47
- 허니머스터드 구이 + 생크림 ··············· 48
- 미소된장 삼겹살 구이 + 야키소바 ····· 49

통닭
- 비어캔 치킨 ··· 51
- 치킨 샌드위치 ······································· 54
- 닭뼈 수프 ··· 54
- 치킨 리소토 ··· 55
- 치킨 시오라멘 ······································· 55

닭 다리살
- 그릴 치킨 ··· 57
- 2가지 맛 양념치킨 ······························· 59
- 그릴 치킨 + 토마토소스 ····················· 60
- 탄두리 치킨 파스타 ····························· 61
- 잠발라야 ·· 61

해산물
〈꼬치구이〉
- 은어 소금구이 ······································· 63

〈석쇠구이〉
- 굴 & 소라 구이 ····································· 64
- 스파이시 방어구이 ······························· 65

〈철판구이〉
- 갈릭 쉬림프 ··· 66
- 참치 꼬리살 스테이크 ························· 67

〈포일구이〉
- 오징어 포일구이 ··································· 68
- 농어 포일구이 ······································· 69

채소
〈채소 통구이〉
- 양배추구이 ·· 71
- 가지구이 ·· 71

TOUGH GUY RBECUE RECIPES BY BASE CAMP A-SUKE

〈오일코팅구이〉
- 알록달록 채소구이 ········· 72

〈포일구이〉
- 군고구마 ················· 73
- 사과구이 ················· 73

숯불 다루는 방법
숯을 준비한다 ················ 75
BBQ 도구 ···················· 76
불을 붙여 숯불을 만든다 ········ 78
불 세기를 조절한다 ············ 80
도구를 세팅한다 ··············· 81

PART 2
추천! BBQ 레시피 ·········· 82

후다닥 안주 레시피
- 당근 라페 ················· 84
- 순무, 루콜라, 생햄 마리네이드 ·· 84
- 훈제연어 찹샐러드 ··········· 85
- 카나페 2종 ················· 85

주물팬 안주 레시피
- 풋콩 페페론치노 ············ 86
- 콘비프와 감자를 넣은 스패니시 오믈렛 ·· 87
- 안초비 브로콜리 ············· 87
- 닭모래집과 양송이 아히요 ····· 88
- 커리부르스트 ··············· 89
- 베이컨 파인애플 ············· 89

꼬치구이 4종 레시피
- 카망베르 베이컨말이 ········· 90
- 3가지 맛 닭안심 꼬치구이 ····· 91
- 삼겹살말이 꼬치 ············· 92
- 동남아식 닭고기 쓰쿠네 ······· 93

소스가 한몫하는 레시피
- 소혀 & 돼지항정살 구이 ······· 94
- 감자와 순무 포일구이 ········· 96
- 오리고기 로스트 ············· 97
- 가리비 소테 ················ 97

양념장에 재우는 레시피
- 미소된장에 재운 곱창구이 ····· 98
- 등갈비 ···················· 100
- 맛술에 재운 고등어구이 ······· 101

허브 & 향신료 레시피
- 삼나무판 연어 허브 구이 ······ 102
- 로즈메리를 올린 램찹구이 ····· 105
- 스파이시 닭날개구이 ········· 107
- 커민향 미트볼 ·············· 108

더치오븐 레시피
- 돼지고기 소금가마구이 ······· 110
- 비프 스튜 ·················· 115
- 라타투이 ·················· 116
- 닭봉 콜라조림 ·············· 117
- 클램 차우더 ················ 118
- 아쿠아 파차 ················ 121

뒷정리야말로 스마트하게, 상남자답게! ·· 122
EPILOGUE ····················· 124
식재료 색인 ··················· 126

레시피 보는 법
- 재료의 분량은 2~4인분을 기준으로 만들기 쉬운 적당량이다. 사진과 완성된 실제 분량이 일치하지 않는 경우도 있다.
- 1큰술=15㎖, 1작은술=5㎖, 1컵=200㎖.
- 레시피에 특별한 표기가 없는 경우, 후추는 굵게 간 검은 후추(밀로 갈아서 사용한다), 설탕은 그래뉴당(보송보송해서 야외에서 사용하기 좋다)을 사용한다.

BBQ는 매우 단순한 조리방법이지만 맛있게 굽기 위한 길은 의외로 멀고도 험하다. 하지만 단순한 만큼 잘 굽기만 하면 기가 막히게 맛있다. 최고의 맛을 손(입)에 넣기 위해서는 먼저 맛있게 굽기 위한 조건을 알아야 한다. 재료의 종류와 크기, 양념이 바뀌면 굽는 방법도 달라지므로, 기본 레시피를 중심으로 맛있게 굽는 방법과 먹는 방법을 마스터해보자.

조건 2
수분 유지

조건 3
알맞은 간

조건 1 적절한 온도관리

모든 재료가 마찬가지지만 특히 고기가 살짝 아쉬운 맛으로 구워진 경우, 그 원인은 대부분 「지나치게 구웠기 때문」이다. 노릇노릇하게 잘 구워야 되는 것은 고기의 표면만이다. 내부는 중~약불로 천천히 익히는 것이 맛있게 굽는 포인트. 숯불의 열은 적외선이어서 천천히 속까지 익히기 때문에, 약불이라도 가스레인지나 인덕션의 약불과는 다르다.
석쇠에 고기를 올린 뒤에는 가능한 한 눈을 떼지 말고 익어가는 과정을 계속 지켜봐야 한다. 탈 것 같으면 뒤집거나 중심불에서 먼 위치로 이동시키는 등, 자주 옮기면서 시간을 두고 천천히 굽는다.

맛있게 굽기 위한 3가지 조건

육류 중심

— 구운 색 —

노릇노릇한 구운 색은 고기를 익힐 때 아미노산과 당이 반응해 갈색으로 변하고, 감칠맛과 고소한 향이 나타나는 「메일라드 반응」 때문이다. 이것이 고기의 맛을 좌우하므로 덩어리 고기를 오래 구울 때도 표면은 고온에서 구운 색을 낸다. 메일라드 반응이 가장 활발하게 진행되는 온도는 약 155℃이다. 숯불은 그보다 훨씬 더 고온이므로, 구운 색을 낼 때도 지나치게 센불은 금물. 메일라드 반응은 생선이나 채소에서도 일어나며, 빵이나 누룽지도 메일라드 반응에 의한 것이다. 맛을 위해 반드시 필요한 화학반응이다.

— 굽는 시간 —

고기를 굽는 시간의 기준은 두께 1cm당 1분이지만 불 세기나 고기 온도 등에 따라 굽는 방법이 달라지므로, 간단하게 몇 분이라고 말하기는 힘들다. 비결은 고기 상태를 잘 살피는 것. 지나치게 구우면 돌이킬 수 없지만 덜 구우면 재가열이 가능하므로, 일단 자신의 감을 믿고 구워보자. 고기 굽기에 익숙해지면 손가락으로 눌렀을 때의 탄력으로 익은 정도를 알 수 있다. 익숙해질 때까지는 온도계를 사용해서 고기 내부의 온도를 확인하는 것도 하나의 방법이다.

— 내부 온도 —

고기를 계속 가열하면 단백질이 수축되어 감칠맛 가득한 육즙이 빠져나간다. 감칠맛을 유지하는 단백질인 「액틴(actin)」은 66℃ 정도에서 변질되어 육즙을 방출시키기 때문에, 고기 내부 온도가 66℃ 이상 올라가지 않아야 육즙을 지킬 수 있다. 흔히 표면을 노릇하게 구워 육즙을 가둔다고 하지만 그래도 육즙은 빠져나가기 때문에, 육즙을 지키려면 온도를 잘 관리하는 것이 더 효과적이다. 한편 생선의 액틴은 55℃ 정도에서 변성하여 수분을 방출하기 때문에, 내부 온도를 55℃ 이하로 유지하는 것이 좋다.

수분 유지

— 수분 유지력 —

앞에서 설명한 것처럼 가열에 의해 육즙이 빠져나가면, 감칠맛이 빠져나가고 고기가 질겨진다. 이를 막기 위해 고기의 수분 유지력을 높이려면, 단백질의 변성을 늦추는 설탕을 사용하는 것이 효과적이다. 또 고기의 pH가 산성이나 알칼리성이 되면 수분 유지력이 증가하므로, 와인이나 식초로 pH를 산성으로 만들면 고기가 부드럽게 익는다.

시간을 들여 천천히 구우면 구울수록 식재료의 수분은 날아간다. 그래서 고기나 채소는 퍼석해지고, 당연히 맛이 없어진다. 문제는 「천천히 굽기」와 「수분 유지」는 상반되는 과정으로 양립하기 어렵다는 점이다. 특히 익는 데 시간이 걸리는 덩어리 고기는 뚜껑을 덮고 구워야 수분을 유지할 수 있다. 뚜껑 있는 그릴이 아니라면 볼이나 스테인리스 컵(시에라 컵)을 덮으면 같은 효과를 얻을 수 있다. 오일을 발라서 굽는 것도 수분을 유지하기 위해서인데, 더불어 열이 잘 전달되는 효과도 있다. 오일은 쉽게 산화되지 않고 풍미가 좋은 올리브오일을 사용하는 것이 좋다. 설탕, 요구르트, 식초나 와인은 육류의 수분 유지력을 향상시키므로 밑간할 때 사용하면 고기를 부드럽게 익힐 수 있다.

알맞은 간

— 염분 농도 —

사람이 맛있다고 느끼는 염분 농도는 0.8~0.9%. 이것은 사람 몸의 염분 농도에 가깝기 때문이다. 즉 맛있게 느끼는 염분 농도는 사람에 따라 크게 다르지 않다. 알맞은 간이란 먹었을 때 맛있게 느껴지는 염분 농도를 맞추는 것. 그러므로 간을 할 때는 자신의 혀를 믿으면 된다. 또한 소금도 고기의 수분 유지력을 향상시킨다.

어디까지나 경험에 의한 이야기지만, 굽고 나서 소스나 양념으로 간을 하는 레시피라도 굽기 전에 소금으로 「밑간을 한 것」과 「밑간을 하지 않은 것」 중에는 역시 밑간을 한 것이 더 맛이 좋다. 소금의 분량은 고기 100g당 1꼬집(엄지손가락, 검지, 중지로 집는 정도)이 기준이며, 고기 전체에 고르게 뿌리는 것이 포인트. 고기 표면에 소금을 뿌려서 구우면 단백질이 빨리 응고되어 감칠맛이 빠져나가지 않는다. 하지만 소금을 뿌린 뒤 시간이 많이 지나면 단백질이 변성되어 수분과 함께 감칠맛이 빠져나가므로, 굽기 직전에 뿌리는 것이 좋다. 또 고기 냄새나 생선의 비린내를 제거하고 싶을 때는 소금을 뿌려서 먼저 수분을 빼는 것이 좋다. 이때는 굽기 전에 수분을 잘 닦아내야 한다.

스파이스 스테이크
SPICE STEAK

BBQ로 스테이크를 구우면 숯불의 힘을 실감할 수 있다. 가장 먼저 마스터해야 할 레시피 중 하나.
일단 시작은 심플한 석쇠구이부터. 숯불로 속까지 익히는 것이 아니라, 표면을 구운 다음 속은 남은 열을 이용해 원하는 정도로 익히는 것이 잘 굽기 위한 가장 중요한 포인트. 그래야 지나치게 익지 않는다.
숯불의 세기는 생각하는 것보다 약하게 유지한다. 표면을 바삭하게 익히고 싶으면 처음에만 조금 센불에 구워도 좋다. 가장 적합한 불 세기와 굽는 시간은 조건에 따라 달라지지만, 그대로 방치하는 것은 금물. 고기를 잘 지켜보다가 「이때다!」 싶은, 가장 맛있게 구워진 순간을 놓치지 않는 것이 중요하다.

재료와 만드는 방법

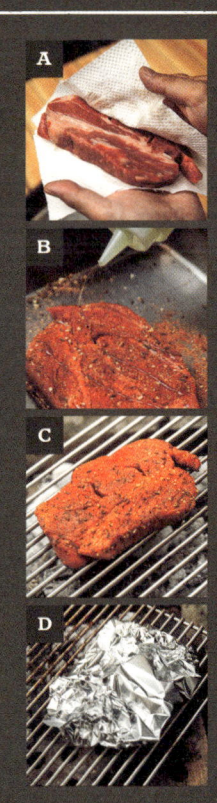

스테이크용 소고기 원하는 만큼
올리브오일 적당량
스파이스 믹스
    캐러웨이파우더 2큰술
    코리앤더파우더 1큰술
    갈릭파우더 1큰술
    검은 후추 1큰술
    파프리카파우더 2큰술
    소금 2큰술

1 스파이스 믹스의 재료를 모두 섞어둔다.
2 상온에 둔 소고기는 키친타월로 수분을 닦고(**A**), 스파이스 믹스를 고기 전체에 충분히 묻힌 뒤 올리브오일을 발라서 흡수시킨다(**B**).
3 숯불에 얹어 달군 석쇠에 고기를 올리고, 구운 색이 잘 나도록 굽는다(**C**). 굽는 시간은 고기 두께 1cm당 1분이 기준이다.
4 고기를 뒤집어서 같은 방법으로 구운 뒤 석쇠에서 꺼내 알루미늄포일로 감싸고, 약불(석쇠 가장자리의 화력이 약한 부분) 위치에서 1~2분 정도 온도를 유지하면서 남은 열로 익힌다(**D**).

스테이크용 소고기
BEEF STEAK

비프 스테이크 + 버섯소스
BEEF STEAK WITH MUSHROOM SAUCE

같은 스테이크라도 고기 기름과 육즙으로 소스를 만들고 싶을 때는 주물팬이나 철판을 사용해서 굽는다. 기름이 빠지지 않기 때문에 석쇠구이에 비해 촉촉하게 구워진다.
비결은 주물팬을 뜨겁게 달군 뒤 고기를 올리는 것. 연기가 날 정도로 뜨거워도 OK. 구운 색이 나면 알루미늄포일로 감싸서 남은 열로 익히는 과정은 석쇠구이와 같다.
소금과 후추만 뿌려서 구운 스테이크는 소스를 곁들여서 다양하게 즐길 수 있다. 스테이크에 잘 어울리는 소스 종류는 p.20에서 소개한다.

재료와 만드는 방법

스테이크용 소고기 원하는 만큼
마늘 1쪽
소금, 후추 적당량씩
올리브오일 적당량
버섯소스
    원하는 버섯 적당량
    간장 1큰술
    레드와인 3큰술
    버터 1/2큰술 정도

1. 주물팬에 올리브오일과 으깬 마늘을 넣고 숯불에 올린다. 상온에 둔 고기는 물기를 닦고 양면에 소금, 후추를 뿌린다.
2. 주물팬이 뜨겁게 달궈지고 마늘향이 나면(**A**), 마늘은 꺼내고 고기를 넣는다(**B**).
3. 양면에 구운 색이 골고루 나면 고기를 꺼내서 알루미늄포일로 감싸고(**C**), 중심 불에서 먼 위치로 옮겨 1~2분 정도 남은 열로 익힌다.
4. 고기를 구운 주물팬에 버섯과 버터를 넣어 볶고(**D**), 숨이 죽으면 나머지 소스 재료를 넣어 섞은 뒤 완성된 스테이크 위에 올린다.

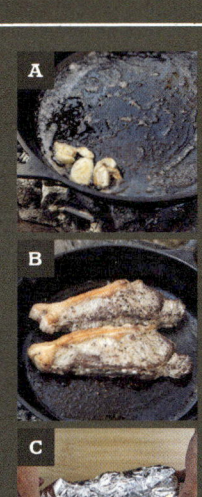

비프 스테이크
BEEF STEAK
HOW TO EAT

1. 샬리아핀소스 / CHALIAPIN SAUCE

양파(간) 1/2개 분량
마늘(간) 1쪽 분량
간장 4큰술
레드와인 2큰술 설탕 1/2큰술
식초 1큰술 물 3큰술

모든 재료를 냄비에 넣고
10분 정도 끓인다.

2. 버번 BBQ소스 / BURBON BBQ SAUCE

양파(간) 1/4개 분량
마늘(간) 1쪽 분량
케첩 4큰술
우스터소스 1/2큰술
버번 3큰술
발사믹식초 1큰술

모든 재료를 냄비에 넣고
10분 정도 끓인다.

3. 페퍼소스 / PEPPER SAUCE

통후추(두드려 으깬) 적당량
화이트와인 2큰술
버터 1큰술

모든 재료를 냄비에 넣고 버터가
녹을 때까지 데운다.

4. 일본식 대파소스 / JAPANESE GREEN ONION SAUCE

대파(얇고 작게 썬) 1줄기
올리브오일 1큰술
발사믹식초 2큰술
소금 적당량

올리브오일을 두르고 파를 태우듯이 볶다
가, 발사믹식초를 넣고 소금으로 간을 한다.

5
살사소스
SALSA SAUCE

토마토(듬성듬성 썬) 1개 분량
양파(굵게 다진) 1/2개 분량
레몬즙 1/2개 분량
파슬리(오이나 피망으로 대체 가능) 1~2줄기
올리브오일 1큰술
소금, 후추 조금씩
타바스코 또는 칠리페퍼(취향에 따라) 조금

모든 재료를 섞는다.

6
크레송소스
WATERCRESS SAUCE

크레송(다진) 1다발 분량
버터 1큰술
간장 1큰술
화이트와인 1큰술

모든 재료를 냄비에 넣고 크레송의 숨이 죽을 때까지 볶는다.

1크 소스 8종

7
파인애플소스
PINEAPPLE SAUCE

파인애플(다진) 1/8개 분량
케첩 1큰술
간장 1큰술

모든 재료를 냄비에 넣고 2~3분 끓인다.

8
고추냉이소스
HORSERADISH SAUCE

고추냉이 적당량
간장 1큰술
레드와인 1큰술
맛술 1큰술

모든 재료를 섞어서 살짝 졸인다.
고추냉이 대신 레몬을 넣어도 맛있다.

덩어리 소고기
BLOCK BEEF

로스트 비프
ROAST BEEF

숯불의 화력을 잘 이용하면 핑크빛의 촉촉한 로스트 비프를 손쉽게 만들 수 있다.
모든 면을 노릇하게 구운 뒤 알루미늄포일로 감싸 중심불에서 멀리 놓고 보온 상태로 천천히 익히면, 수비드로 조리한 것처럼 맛있는 로스트 비프가 완성된다. 단, 지나치게 익지 않도록 주의.
불에서 내린 뒤 바로 썰면 육즙이 흘러나오므로, 한김 식힌 뒤 잘라서 소스와 함께 먹거나 덮밥이나 샌드위치를 만들면 좋다.

재료와 만드는 방법

덩어리 소고기(설도) 1덩어리
소금, 후추 적당량씩
마늘 1쪽
올리브오일 적당량

1. 상온에 둔 고기에 소금, 후추를 뿌리고 다진 마늘과 올리브오일을 묻힌다.
2. 주물팬에 올리브오일을 두르고 숯불에 올려 뜨겁게 달군다(**A**).
3. 고기를 넣고 모든 면을 노릇하게 굽는다. 고기의 자른면이 1㎝ 정도 갈색으로 변하는 것이 기준이다(**B~C**).
4. 고기를 꺼내 알루미늄포일로 감싸고 중심불에서 먼 위치에 30분 정도 둔다(**D~E**).
5. 고기를 구운 주물팬에 소스용 올리브오일을 적당히 붓는다(**F**). 뜨거울 때 부어야 육즙이 눌어붙지 않는다(소스 만드는 방법은 p.24 참조).
6. 고기를 불에서 내리고 한김 식혀서 육즙이 흘러나오지 않게 한다(**G**). 알루미늄포일 안에 남은 육즙은 소스를 만들 때 사용하기 위해 버리지 않는다.

로스트 비프
ROAST BEEF

HOW TO EAT

1

로스트 비프 + 발사믹소스
ROAST BEEF WITH BALSAMIC VINEGAR SAUCE

한김 식힌 로스트 비프를 원하는 두께로 슬라이스하고 소스를 곁들여서 먹는다.

소스 재료와 만드는 방법

간장 2큰술
레드와인 1큰술
설탕 1큰술
발사믹식초 1큰술
마늘(간) 1작은술
버터 1/2큰술
알루미늄포일에 남은 육즙 전량

모든 재료를 고기를 구운 주물팬에 넣고 걸쭉해질 때까지 졸인다.

STANDARD!

2

로스트 비프 덮밥
ROAST BEEF BOWL

밥 위에 먹기 좋게 자른 어린잎채소, 양파 슬라이스, 로스트 비프 슬라이스를 원하는 만큼 얹고 고추냉이마요소스(고추냉이 1작은술, 마요네즈 2큰술, 간 마늘 1작은술, 레몬즙 1작은술을 섞음)를 뿌린다. 어린잎채소 대신 좋아하는 채소를 원하는 만큼 올려도 좋다.

3

로스트 비프 샐러드
ROAST BEEF SALAD

좋아하는 채소와 로스트 비프를 한 그릇에 담고 드레싱을 뿌리기만 하면 되는, 간단하지만 화려한 샐러드. 채소는 잎채소 외에도 파프리카, 토마토, 양파, 오이 등 무엇이든 OK! 블랙올리브가 있다면 꼭 넣는 것을 추천한다.

드레싱 재료와 만드는 방법

발사믹식초 2큰술 간장 2큰술
올리브오일 1큰술 꿀 1작은술
씨겨자 2작은술
마늘(간) 1/2작은술

모든 재료를 섞는다.

다진 소고기
MINCED BEEF

비프 햄버그스테이크
BEEF HAMBURG STEAK

맛있게 만드는 비결은 먼저 다진 고기에 소금만 넣고 섞는 것. 소금 때문에 단백질이 응고되어 육즙이 빠져나가지 못해 촉촉하게 완성된다. 손의 체온으로 고기의 지방이 녹기 때문에 차가운 고기를 사용하고, 중간중간 손이나 볼을 차갑게 식히면서 섞는다.

양파는 양파 플레이크를 사용하면 간편하다. 야키후를 넣으면 육즙이 빠져나가지 않도록 막아준다. 그릴팬에 구우면 여분의 기름이 빠지고 노릇노릇 촉촉하게 구워진다. 한쪽 면을 구운 뒤 뚜껑을 덮고 구우면 속까지 잘 익는다.

* 야키후[焼き麩] _ 밀가루의 글루텐을 추출한 뒤 밀가루, 물, 소금 등을 섞어서 만든 반죽을 구운 일본의 보존식품.

재료와 만드는 방법

다진 소고기 400g
소금 3g (고기 무게의 0.5~0.8%)
우유 1큰술
후추 조금
넛멕파우더 조금
야키후 10개 (빵가루 4큰술로 대체 가능)
양파 플레이크 2큰술

1. 볼에 다진 고기와 소금을 넣고 (**A**) 끈기가 생길 때까지 섞는다. 반죽하는 것이 아니라 손가락을 세워서 휘젓듯이 계속 섞어준다 (**B**).

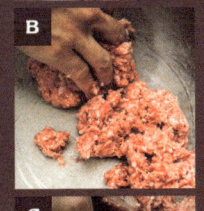

2. 고기가 한 덩어리로 뭉쳐지고 끈기가 생기면 (**C**), 야키후 간 것과 남은 재료를 넣고 골고루 섞는다.

3. 4등분 또는 원하는 크기로 떼어서 공을 주고받듯이 양손으로 번갈아 치대면서 고기 속 공기를 뺀다. 둥글게 모양을 정리하고 가운데를 눌러 오목하게 만든다.

4. 그릴팬을 숯불에 올려 달군 뒤 햄버그스테이크를 넣는다. 한쪽 면이 노릇해지면 뒤집고 볼이나 스테인리스 컵을 뚜껑 대신 덮는다 (**D**).

5. 약불에서 5분 정도 구운 뒤 손가락으로 눌러본다. 익었을 때의 느낌을 기억해 둔다. 적당하다는 생각이 들면 잘라보고, 살짝 핑크색이 돌면 OK. 아직 붉으면 자른면을 구워서 조절한다.

다진 소고기
MINCED BEEF

칠리 빈즈
CHILI BEANS

미국 개척시대에 네덜란드에서 유래된 더치오븐으로 칠리 빈즈를 만들어 보자.
고기를 볶을 때 처음에는 되도록 섞지 않고 구워서 살짝 구운 자국을 내는 것이 맛을 내는 포인트.
양파는 큼직하게 썰어서 오래 끓이지 않아야 식감을 즐길 수 있다.
매운맛을 좋아한다면 칠리파우더의 양을 늘려도 좋다.
토마토 통조림만으로는 신맛이 강하기 때문에 반드시 케첩을 넣어 단맛과 깊은 맛을 더한다.

재료와 만드는 방법

다진 소고기 400g
양파 1/2개
마늘 1쪽
강낭콩 통조림 1캔
다이스 토마토 통조림 1캔
올리브오일 1큰술
커민파우더 1큰술
칠리페퍼 1/2작은술
소금, 후추 적당량씩
케첩 1작은술

1 양파는 굵게 다지고, 마늘은 잘게 다진다.
2 마늘과 올리브오일을 더치오븐에 넣고 숯불에 올려서 달군다.
3 마늘의 좋은 향이 나면 소고기를 넣어 처음에는 되도록 섞지 않고 눌어붙게 구운 자국을 낸 다음(**A**), 갈색으로 변하고 기름이 배어나올 때까지 볶는다(**B**).
4 나머지 재료를 모두 넣고(**C**) 10분 정도 끓인 뒤 소금, 후추로 간을 한다.

WE LIKE IT!

1 햄버그스테이크로

치즈 햄버그스테이크
CHEESE HAMBURG STEAK

햄버그스테이크가 완성되기 직전에 잘 녹는 치즈(체다 또는 고다 치즈)를 올리기만 하면 완성. 원한다면 소스를 뿌려도 좋다.

소스 재료와 만드는 방법

발사믹 식초, 레드와인, 케첩, 우스터소스 1큰술씩
설탕, 버터 1작은술씩

모든 재료를 고기를 구운 프라이팬에 넣고 졸인다.

햄버그스테이크 & 칠리 빈즈
HAMBURG STEAK & CHILI BEANS
HOW TO EAT

2
| 햄버그스테이크로 |

수제 버거
HAMBURGER

BIG ONE

반으로 자른 번을 자른 면이 아래로 가게 석쇠나 철판에 올려 살짝 굽는다. 동시에 양파 슬라이스도 구운 다음, 아래쪽 번의 구운 면 위에 머스터드, 양상추, 마요네즈, 토마토 슬라이스, 양파, 치즈 햄버그스테이크, 케첩, 위쪽 번을 겹쳐서 올린다(순서는 자유). 아보카도, 베이컨, 달걀 프라이, 양송이 등을 넣어도 좋다.

JUST PUT IT ON

3
| 칠리 빈즈로 |

타코 라이스
TACO RICE

따뜻한 밥 위에 먹기 좋게 자른 양상추, 칠리 빈즈를 얹고 살사소스(p.21), 믹스 치즈, 마요네즈를 원하는 만큼 뿌린 뒤 섞으면서 먹는다.

숯불구이
CHARCOAL GRILLED MEAT

모두 함께 불가에 둘러앉아 고기를 구우면서 먹는 재미가 쏠쏠하다.
얇게 슬라이스한 고기 외에도 여러 종류의 고기를 준비하면, 야외 고깃집에 온 듯한 기분을 낼 수 있다.
얇게 썬 고기는 눈 깜짝할 사이에 익기 때문에 석쇠에 고기를 얹은 뒤 아래쪽은 노릇노릇, 위쪽은 살짝만 익혀서 보온 공간(사진 A 참조)으로 옮겨 식기 전에 먹는다.

재료와 만드는 방법

슬라이스 소고기(구이용 또는 자투리 고기) 원하는 만큼
양념장(취향에 따라) 적당량

※ 수제 양념장 레시피는 p.36 참조. 레몬즙이나 소금, 고추냉이 간장을 찍어 먹어도 좋다.

1   숯을 한쪽으로 몰아서 숯이 없는 쪽은 보온공간으로 사용하고(**A**), 숯 위에 석쇠를 올린다.
2   석쇠가 뜨거워지면 고기를 올리고 뒷면이 노릇해질 때(**B**) 뒤집어서 보온공간으로 옮긴다. 지나치게 익기 전에 원하는 양념장을 찍어서 먹는다.

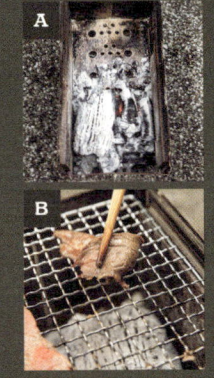

만화 속 뼈다귀고기?
MEAT ON THE BONE

만화책이나 애니메이션을 보면 입을 한껏 벌린 주인공이 뼈가 붙어 있는 크고 먹음직스러운 고깃덩어리를 맛있게 베어 먹는 모습을 볼 수 있다. 만화에서만 보던 그 고기를 실제로 먹어보자.
먼저 적당한 크기의 장작을 깎아서 표면을 정리해 뼈모양으로 만들고(시간이 있으면 뼈모양으로 깎아도 좋다), 그 위에 얇게 썬 고기를 여러 번 감아서 두툼하게 만든다. 감을 때 중간중간 소금, 후추를 뿌리면 간이 잘 배어들기 때문에, 완성되면 바로 한입 크게 베어 물 수 있다.
지나치게 두껍게 감으면 속까지 잘 익지 않으니 적당히 감는다. 중심불에서 먼 위치에 놓고 천천히 굽는다.

재료와 만드는 방법

슬라이스 소고기(자투리 고기 등) 적당량
소금, 후추 적당량

1 장작이나 나뭇가지 표면을 깎아서 정리한다.
2 고기를 나무에 감고(**A**) 소금, 후추를 뿌린 뒤(**B**), 그 위에 다시 고기를 감아서 소금, 후추를 뿌리는 과정을 반복한다(**C**). 구울 때 고기가 풀어지지 않도록 당기면서 감싼다.
3 알맞은 크기가 될 때까지 감은 뒤 고기 표면에 올리브오일을 바르고, 화로 가장자리에 고기를 감은 나무의 양끝이 걸리도록 올린다(**D**). 중간중간 돌려주면서 약불에 천천히 굽는다.

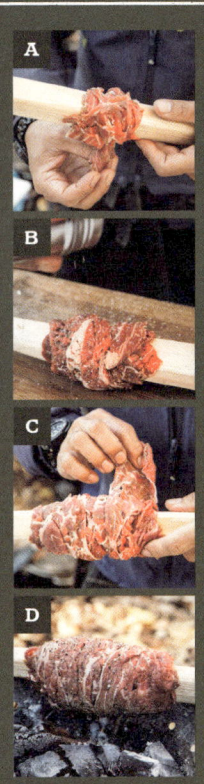

SPICY!

숯불구이 &
만화 속 뼈다귀고기
CHARCOAL GRILLED MEAT &
MEAT ON THE BONE

HOW TO EAT

1

숯불구이로

**오리지널 양념장
+ 상추**

ORIGINAL SAUCE
& LETTUCE

싱싱한 청양고추를 사용한 오리지널 양념장은 매운맛이 강하기 때문에, 매운맛이 싫다면 고추의 양을 줄인다.

양념장 재료와 만드는 방법

청양고추(잘게 썬) 1개   마늘(간) 2~3쪽
청주 2큰술   맛술 2큰술
꿀 1큰술   간장 2큰술
미소된장 1큰술   참기름 1큰술

청주와 맛술을 작은 냄비에 넣고 불에 올려 알코올을 날린 뒤, 모든 재료를 넣고 섞는다.

LIKE A KEBAB

2 | 만화 속 뼈다귀고기로
뼈다귀고기 랩 샌드위치
WRAP SANDWICH

불에 구워 부드러워진 토르티야에 얇게 깎아낸 만화 속 뼈다귀고기와 좋아하는 채소(상추, 토마토, 양파 등), 마요네즈를 얹고 케밥처럼 돌돌 말아서 덥석 베어 먹는다. 간장소스(간장, 레드와인, 맛술 1큰술씩을 섞어서 살짝 졸임)나 샬리아핀소스(p.20)도 잘 어울린다.

로스트 포크
ROAST PORK

두툼하고 볼륨 있는 덩어리 고기. 로스트 비프와 달리 돼지고기는 완전히 익혀서 먹는다. 하지만 지나치게 익으면 퍽퍽해지므로 알맞은 온도에서 잘 익히는 것이 중요하다. 이럴 때는 뚜껑을 덮는 것이 도움이 된다. 철판에 볼이나 컵을 뚜껑 삼아 덮고, 약불에서 천천히 속까지 익힌다.
날것으로 먹지 않는 돼지고기지만 미국의 경우 내부온도 63℃에서 3분 동안 가열하는 것을 원칙으로 한다. 고기를 썰었을 때 붉은색이 보이면 안 되지만 핑크색이면 OK. 걱정된다면 온도를 측정해보자.

재료와 만드는 방법

덩어리 돼지고기(목심) 400g
소금, 후추 적당량씩

1. 소금, 후추를 뿌린 고기를 숯불에 올려 달군 그릴 위에 올리고(**A**), 알루미늄포일이나 스테인리스 컵 등을 씌워 오븐과 같은 원리로 속까지 익힌다(**B**).
2. 고기 두께 1㎝당 1분을 기준으로 한쪽 면을 구운 뒤 뒤집고(**C**), 다시 뚜껑을 덮어서 굽는다. 계속 약불 위치에서 천천히 굽는 것이 중요하다.
3. 양면이 구워지면 뚜껑을 덮은 채로 불에서 내려 남은 열로 고기를 익힌다(**D**).
4. 손가락으로 눌렀을 때 원래대로 회복될 정도의 탄력이 있으면 OK. 손가락이 쑥 들어가면 아직 덜 익은 상태이다. 기준 시간까지 구워도 덜 익은 것 같으면, 기준 시간의 1/2을 더 굽는다.

삼겹살 차슈
GRILLED PORK BELLY

지방과 살코기의 조합이 기가 막힌 삼겹살을 차슈처럼 양념해서 굽는다. 전날 양념장에 미리 재워두고 먹을 때는 굽기만 한다. 기름이 알맞게 빠지도록 석쇠로 굽는다.

양념장에 재운 고기는 화력이 강하면 금방 타버리므로, 숯의 양을 덜어낸 약불 위치에서 뒤집으면서 천천히 굽는다. 지방이 많은 데다 양념도 있어서 쉽게 타고, 잘 익었는지 알아보기도 어려우므로 잘라보고 덜 익었으면 자른 고기를 구우면서 먹는다.

재료와 만드는 방법

덩어리 돼지고기(삼겹살) 원하는 만큼
양념장
    우스터소스 1큰술
    간장 1큰술
    케첩 1큰술
    발사믹식초 1큰술
    꿀 1큰술
    마늘(간) 1작은술
    생강(간) 1작은술

1. 덩어리 고기 양면에 포크로 구멍을 낸다.
2. 양념장 재료를 모두 지퍼백에 넣고 섞은 뒤 고기를 넣고 하룻밤 정도 재운다 (**A**). 먹기 전날 미리 준비해두는 것이 좋다.
3. 숯불에 올려 달군 석쇠에 고기의 지방이 아래로 가게 올리고(**B**), 약불 위치에서 뒤집으면서 천천히 굽는다. 타지 않도록 주의한다. **C**는 살짝 탄 상태인데, 탄 부분을 긁거나 잘라낸 뒤 먹는다.

로스트 포크 & 삼겹살 차슈
ROAST PORK & GRILLED PORK BELLY
HOW TO EAT

BEST MATCH
WITH
HERBS AND POTATO!

1

| 로스트 포크크 |

**로스트 포크 + 발사믹소스
+ 로즈메리 감자**
BALSAMIC SAUCE
& ROSEMARY POTATO

먹기 좋은 크기로 자른 로스트 포크에 발사믹소스를 뿌린다. 감자는 한입크기로 썰어서 튀기고, 다진 로즈메리와 소금 적당량을 묻혀서 곁들인다.

소스 재료와 만드는 방법

작은 냄비에 발사믹식초를 담고 걸쭉해질 때까지 졸인다.

2 삼겹살 볶음밥
PORK FRIED RICE

삼겹살 차슈(깍둑썬) 적당량
달걀 1인분당 1개 분량
대파(잘게 썬) 적당량
따뜻한 밥 1공기 듬뿍
참기름, 소금, 후추, 간장 적당량씩

프라이팬에 참기름을 둘러 달구고 달걀을 풀어서 넣고 볶다가, 따뜻한 밥을 넣는다. 밥과 달걀이 잘 섞이면 삼겹살 차슈와 대파를 넣고 볶다가 소금, 후추, 그리고 냄비 옆면쪽으로 간장을 조금 흘려 넣고 전체를 섞어서 완성한다.

LOT OF PORK

허니머스터드 구이
HONEY MUSTARD GRILL

소금, 후추만 뿌려서 구워도 맛있는 두툼한 고기를 위한, 간단하면서도 색다른 레시피.
톡 쏘는 머스터드와 달달한 꿀을 섞는다고 하면 고개를 갸웃거릴 사람도 있겠지만, 맛은 보장한다.
여기서도 약불~중불로 천천히 익히는 것이 기본이지만, 고기가 많이 두껍지 않고 소스도 넣기 때문에
속까지 금방 익힐 수 있다. 오히려 지나치게 익지 않도록 주의한다.

재료와 만드는 방법

두툼하게 썬 돼지고기(등심) 원하는 만큼
소금, 후추 적당량씩
올리브오일 적당량
소스
  화이트와인 1큰술
  꿀 1큰술
  씨겨자 1큰술
  간장 1작은술

1. 고기에 소금, 후추를 뿌린다. 소스 재료를 섞어둔다.
2. 주물팬에 올리브오일을 두르고 숯불에서 달군 뒤 고기를 올린다. 한쪽 면이 노릇해질 때까지 굽는다(**A**).
3. 뒤집어서 소스를 넣고(**B**) 고기 전체에 소스가 골고루 묻도록 팬을 흔들면서 (**C**), 소스가 걸쭉해질 때까지 굽는다.

※ 고기 양이 많으면 소스 분량을 같은 비율로 늘린다.

두툼하게 썬 돼지고기
THICK PORK

미소된장 삼겹살 구이
GRILLED PORK WITH MISO MARINADE

돼지고기의 달짝지근한 지방과 미소된장, 그리고 살짝 탄 풍미가 환상적으로 어우러진 요리.
술안주로도 밥반찬으로도 어울리는 맛으로, 여러 가지로 응용이 가능하다.
삼겹살은 지방이 많기 때문에 석쇠를 이용해 기름을 적당히 빼면서 노릇하게 굽는다. 지방과 양념이 타기 쉽고 지나치게 익으면 지방의 감칠맛도 사라져버리므로, 알맞게 굽는 것이 무엇보다 중요하다.

재료와 만드는 방법

두툼하게 썬 돼지고기(삼겹살) 원하는 만큼
양념장
- 마늘(간)   1작은술
- 미소된장   2큰술
- 맛술   1큰술
- 설탕   1큰술
- 청주   1큰술
- 참기름   1작은술

1. 양념장 재료를 섞어서 지퍼백 등에 넣고, 먹기 좋은 크기로 자른 고기를 함께 넣어 재운다(**A**). 굽기 전날 미리 재워두는 것이 좋다.
2. 숯불에 석쇠를 올려 달군 뒤 고기를 올린다. 쉽게 타므로 약불 위치에서 천천히 한쪽 면을 구운 뒤 뒤집어서 양면을 굽는다.

허니머스터드 구이 &
미소된장 삼겹살 구이
HONEY MUSTARD GRILL &
GRILLED PORK WITH MISO MARINADE

HOW TO EAT

CREAMY & MILD

1 〉 허니머스터드 구이로 〈

허니머스터드 구이 + 생크림
MUSTARD PORK IN CREAM

식용유를 두르고 가열한 주물팬에 양파 슬라이스와 좋아하는 버섯을 적당히 넣고 볶다가, 재료가 살짝 잠길 정도로 생크림을 붓는다. 마지막으로 먹기 좋은 크기로 자른 허니머스터드 구이를 넣고 섞기만 하면 완성. 머스터드의 신맛과 꿀의 달콤한 맛이 크림과 잘 어울린다.

2

\ 미소된장 삼겹살 구이로 /

미소된장 삼겹살 구이 + 야키소바

MISO PORK FRIED NOODLES

미소된장 삼겹살 구이(1~2㎝ 두께) 적당량
양배추(듬성듬성 썬), 숙주, 당근(직사각형으로 납작하게 썬) 적당량씩
야키소바면 1인분
식용유 적당량
굴소스 3큰술
치킨 스톡 1작은술
물 조금

1. 식용유를 두르고 달군 프라이팬에 양배추, 숙주, 당근을 넣고 볶다가 조금 뒤에 고기를 넣는다. 살짝 볶은 뒤 야키소바면을 풀어서 넣고 볶는다(넣기 전에 국수의 기름기를 물로 씻어낸다).
2. 굴소스, 치킨 스톡, 물을 넣고 수분이 없어질 때까지 볶는다.

WITH OYSTER SAUCE

통닭
WHOLE CHICKEN

비어캔 치킨
BEER CAN CHICKEN

BBQ의 끝판왕인 통닭은 양념으로 밑간을 한 뒤 오븐 대신 양철 바스켓을 이용해 와일드하게 굽는다.
속까지 열이 고르게 전달되도록 맥주캔을 이용해 닭을 세워서 굽는 아이디어 레시피.
온도가 지나치게 올라가는 것을 막고 중심을 잡기 위해, 빈 맥주캔 속에 물을 넣어 사용한다.
남는 고기는 여러 가지 레시피에 활용할 수 있지만, 가장 맛있는 닭다리는 굽자마자 바로 먹는 것을 추천.

재료와 만드는 방법

통닭 1마리
양념
  물 400㎖
  소금 2큰술
  설탕 2큰술
  마늘 2~3쪽
  검은 통후추 조금
  월계수 잎(생략 가능) 1~2장
  파슬리(생략 가능) 2~3줄기

1. 마늘은 껍질을 벗긴 뒤 칼배로 눌러서 으깨고, 통후추는 두드려 으깬 뒤 나머지 양념 재료와 섞는다. 고기와 함께 지퍼백에 넣어 공기를 빼고 하룻밤 재운다.
2. 고기를 오른쪽 사진과 같은 방법으로 손질하고, 물(분량 외)을 1/2 정도 채운 맥주캔을 고기 속에 넣어 주물접시 위에 올린다.
3. 전체에 올리브오일을 발라서 접시째 석쇠에 올린 뒤, 그 위에 양철 바스켓을 씌우고 40분 정도 굽는다.

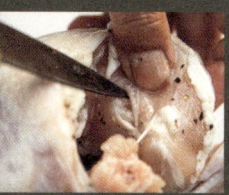
등뼈를 따라 남아 있는 내장을 깨끗이 제거한 뒤, 사진의 위치에 칼집을 넣는다.

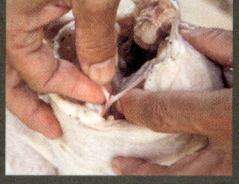
칼집 낸 부분을 손가락으로 더듬어서 빗장뼈(쇄골)를 제거한다. 이렇게 하면 쉽게 분리할 수 있다.

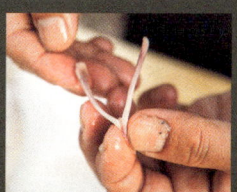
이것이 빗장뼈. 2개의 뼈가 V자 모양으로 붙어 있다.

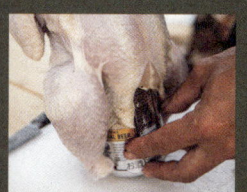
물을 1/2 정도 채운 맥주캔을 배쪽의 빈 구멍에 넣고, 닭을 똑바로 세운다.

알루미늄포일로 싼 주물접시에 닭을 올리고, 전체에 올리브오일을 바른다.

불 위에 올리고 양철 바스켓을 덮어 찌듯이 굽는다. 바스켓도 뜨거워지므로 데지 않게 주의한다.

먼저 다리를 몸통에서 분리한다. 몸통과 다리 사이의, 다리와 몸통이 연결된 관절 부분에 칼을 넣고 다리를 벌리면 쉽게 분리할 수 있다. 그런 다음 무릎 관절에 칼을 넣어 넓적다리와 정강이를 분리해도 좋다.

다음은 가슴살. 목 바로 아래쪽에 가슴뼈가 있고, 양쪽으로 큼직한 가슴살이 붙어 있다. 가슴뼈 양쪽에 칼을 넣어 갈비뼈를 따라 가슴살을 분리한다. 가슴뼈 아래쪽 쉽게 분리되는 부위는 안심이다.

윗날개(봉)와 아랫날개(윙)는 관절을 비틀어서 분리한다. 잘 분리되지 않으면 칼을 사용한다.

부위별로 나눠서 플레이팅하면, 먹기도 좋고 보기도 좋다. 나머지 몸통의 등 쪽에도 자투리 고기들이 남아 있으니, 손으로 떼어서 먹는다.

비어캔 치킨
BEER CAN CHICKEN
HOW TO EAT

NEXT MORNING!

1
치킨 샌드위치
CHICKEN SANDWICH

좋아하는 빵에 어린잎채소 등의 잎채소와 닭고기 슬라이스, 양파 등을 끼워 넣기만 하면 완성. 간장, 레드와인, 맛술을 같은 비율로 넣고 졸인 소스가 잘 어울린다.

ALL-PURPOSE

2
닭뼈 수프
CHICKEN BROTH SOUP

고기를 맛있게 먹고 남은 닭뼈와 자투리 고기로 육수를 낸다. 냄비에 닭뼈가 잠길 정도로 물을 붓고 센불로 끓인다. 거품이 올라오면 걷어내고, 약불에서 1시간 정도 끓인다. 물이 부족하면 적당히 보충한다. 완성되면 뼈를 건져내고 여러가지 재료를 넣어 수프로 먹거나, 다른 요리에 이용하는 등 다양하게 활용할 수 있다.

THAT WAS QUICK

3
치킨 리소토
CHICKEN RISOTTO

2에서 만든 육수에 토마토를 잘라서 넣고 불에 올린다. 토마토가 흐물거리기 시작하면 밥과 찢은 닭살을 원하는 만큼 넣고 살짝 끓인다. 치즈와 후추를 듬뿍 뿌리면 맛이 더욱 좋다.

4
치킨 시오라멘
CHICKEN SHIO RAMEN

원하는 라멘(시오라멘을 추천)에 물 대신 닭뼈 육수를 넣어 만든다. 기존의 라멘 수프를 사용하면 간단하게 맛을 낼 수 있지만, 소금이나 간장으로 직접 간을 하면 닭고기의 감칠맛이 더 깊어진다.

I KNEW IT!

닭 다리살
BIRD THIGH

그릴 치킨
GRILLED CHICKEN

심플하게 소금과 후추만 뿌려서 구운 닭고기는 그대로 먹어도 맛있고, 토마토, 크림, 치즈에 향신료와 여러 소스를 곁들여도 잘 어울린다. 술이나 밥은 물론 빵에도 어울리는, 다양하게 먹을 수 있는 활용도 만점의 매력적인 레시피. 뜨겁게 달군 주물팬에 껍질을 바삭하게 굽는 것이 포인트이다. 집게로 닭고기를 눌러서, 닭고기에서 나오는 기름으로 튀기듯이 굽는다.

재료와 만드는 방법

닭 다리살 원하는 만큼
소금, 후추 적당량씩
올리브오일 적당량

1. 다리살은 연골과 핏물을 제거하고 소금, 후추를 앞뒤로 골고루 뿌린다.
2. 주물팬에 올리브오일을 두르고 숯불에 올려 달군 뒤, 다리살을 넣고 껍질쪽부터 굽는다.
3. 집게로 고기를 눌러서 기름을 뺀다(**A**). 그대로 80% 정도 익힌다(**B**).
4. 껍질이 갈색으로 바삭하게 구워지면 뒤집고, 주물팬을 약불 위치로 옮겨서(**C**) 나머지는 남은 열로 익힌다.

닭 다리살
BIRD THIGH

2가지 맛 양념치킨
TANDOORI CHICKEN & JERK CHICKEN

심플하게 구워도 맛있지만 양념 치킨 역시 못지않게 맛있다.
집에서 미리 재워오면 모두 모여 즐겁게 구우면서 먹을 수 있다.
닭고기는 잘 익지 않기 때문에 큼직하게 토막 내는 것보다, 얇게 슬라이스하듯이 잘라야 잘 익는다.
단, 양념이 타기 쉬우므로 중심불에서 멀리 놓고, 잘 지켜보면서 천천히 굽는다.

재료와 만드는 방법

닭 다리살   원하는 만큼
탄두리 치킨 양념
    요거트   500g
    카레가루   20g
    소금   10g
    마늘(간)   1작은술
    생강(간)   1작은술
    케첩   50g
    레몬즙   1/2개 분량
저크 치킨 양념
    파프리카파우더   1작은술
    커민파우더   1작은술
    타임파우더   1작은술
    칠리페퍼파우더(취향에 따라)   조금
    마늘(간)   1/2작은술
    생강(간)   1/2작은술
    라임즙   1/2개 분량

1. 양념 재료를 섞어서 먹기 좋은 크기로 자른 닭고기에 각각 버무리고 하룻밤 재운다(**A**).
2. 숯불에 석쇠를 올려 달군 뒤 고기를 올리고, 타지 않도록 주의하면서 약불 위치에서 양면을 굽는다. 주물팬이나 철판으로 구워도 좋다.

그릴 치킨 &
2 가지 맛 양념치킨
GRILLED CHICKEN /
TANDOORI & JERK CHICKEN

HOW TO EAT

1 그릴 치킨 + 토마토소스
CHICKEN & TOMATO SAUCE

그릴 치킨으로

소금, 후추를 뿌려서 구운 치킨은 그냥 먹어도 맛있지만, 토마토소스를 뿌리면 새로운 맛으로 즐길 수 있다.

소스 재료와 만드는 방법

다이스 토마토 통조림 1/4캔   레드와인 1큰술   발사믹식초 1/2큰술
마늘(간) 1작은술   재료를 모두 작은 냄비에 넣고 졸인다.

MORE DELICIOUS!

2 탄두리 치킨 파스타
\ 탄두리 치킨으로 /

TANDOORI CHICKEN PASTA

탄두리 치킨 원하는 만큼
감자(얇게 슬라이스) 1/2개 분량
마늘(다진) 1쪽 분량
파스타 100g~
브로콜리, 토마토 적당량씩
소금, 후추 적당량씩

1 파스타를 삶을 물(물 1ℓ 당 소금 1큰술)을 끓인다.
2 주물팬에 마늘과 올리브오일(분량 외)을 넣고 볶다가, 먹기 좋게 자른 닭고기와 감자, 1을 적당량 넣어 살짝 끓인다. 이때 파스타를 삶기 시작한다.
3 브로콜리와 토마토를 2에 넣고 살짝 끓인 뒤 삶은 파스타를 넣는다. 소금, 후추로 간을 하고 마지막에 E.V. 올리브오일(분량 외)을 1바퀴 정도 둘러서 섞는다.

3 잠발라야
TAMBALAYA

\ 저크 치킨으로 /

저크 치킨 원하는 만큼
마늘(다진) 1쪽 분량
양파(깍둑썬) 1/4개 분량
방울토마토 5개
피망(채썬) 1/2개 분량
저크 치킨 양념 1큰술
무세미(물 540㎖에 30분 정도 불림) 3홉

1 주물팬에 마늘과 올리브오일(분량 외)을 넣고 볶아서 향을 낸다.
2 양파, 방울토마토를 넣고 피망과 저크 치킨은 분량의 1/2만 넣어 살짝 볶는다.
3 저크 치킨 양념과 불려둔 쌀을 물과 함께 넣고 섞은 뒤 센불에서 끓인다. 끓으면 약불 위치로 옮겨서 10분 정도 가열해 밥을 짓는다.
4 밥이 완성되면 남은 피망과 저크 치킨을 올리고, 뚜껑을 덮어 몇 분 정도 뜸을 들인다.

해산물
SEAFOOD

꼬치구이
GRILLED SKEWERS

생선 꼬치구이는 BBQ에서만 할 수 있는 요리다. 껍질은 바삭하고 속은 촉촉하게 구운 생선은, 평소 집에서는 맛보기 힘든 별미. 게다가 낚시로 직접 잡은 은어나 송어를 구우면, 맛은 그야말로 배가 된다. 꽁치나 전갱이 등 바다생선도 맛있으니 여러 가지 생선을 구워보자.
생선을 구울 때는 「센불에서, 멀리 놓고 굽는다」가 원칙이다. 겉은 바삭하지만 속까지 지나치게 익히지 않는 기술이다.

1 은어 소금구이
GRILLED SWEETFISH

생선 원하는 만큼
소금 적당량

1. 은어는 그대로 꼬치에 꽂고, 송어는 내장을 제거해서 꽂은 뒤 소금을 뿌린다(오른쪽 사진 참조).
2. 숯불의 불길이 진정되고 숯이 하얗게 변하면서 이글이글 타는 상태가 되면, 되도록 숯에서 멀리 떨어뜨린 위치에(5~10㎝) 생선을 올린다. 상태를 보고 중간중간 뒤집으면서 굽는다. 소금이 하얗게 일어나고, 껍질이 바삭하고 고소하게 구워지면 OK.

아가미쪽으로 꼬치를 비스듬히 넣는다. 여기서부터 생선이 S자 모양이 되도록 꼬치를 꽂는다. 생선이 미끄러우니 떨어트리지 않게 주의한다.

가슴지느러미 근처에서 꼬치를 빼 다시 배 한가운데에 꽂고, 꼬리가 시작되는 부분에서 빼낸다.

20~30㎝ 정도 위에서 생선 전체에 소금을 뿌리고, 지느러미에도 소금을 듬뿍 묻힌다.

2개의 꼬치를 평행하게 꽂으면, 생선이 꼬치에서 헛도는 것을 막을 수 있다.

석쇠구이
GRILLED SEAFOOD

해산물 BBQ에는 석쇠구이가 제격이다. 바닷가 포장마차에 온 듯한 기분도 맛볼 수 있다. BBQ에서는 고기를 주로 먹지만, 해산물도 숯불로 구우면 전혀 다른 맛이 된다. 생선류는 꼬치구이처럼 센불에서, 멀리 놓고 천천히 굽고 조개류는 약불에서 천천히 굽는데, 너무 익으면 질겨지므로 타이밍을 잘 맞춰야 한다. 맛있는 육즙을 흘리지 않게 잘 놓는 것도 중요하다.

1 굴 & 소라 구이
GRILLED OYSTER & TURBAN SHELL

굴 OYSTER

1. 껍데기 사이에 칼을 넣고 인대를 잘라서 벌린 뒤 살을 꺼내고, 살과 껍데기를 씻는다.
2. 씻은 껍데기에 살을 다시 올리고 소금과 화이트와인을 조금씩 뿌린 뒤, 알루미늄포일을 씌우고 약불 위치에서 천천히 굽는다.
3. 동시에 주물팬에 빵가루, 마늘, 파슬리, 후추, 올리브오일(적당량씩)을 넣고 섞어서 볶는다.
4. 알루미늄포일을 벗겨서 살이 볼록하게 부풀었으면 포일을 다시 덮고, 지나치게 익지 않도록 2~3분 정도만 더 굽는다. 포일을 벗기고 3을 올린 뒤 레몬즙을 짜서 뿌린다.

소라 TURBAN SHELL

1. 입구가 위를 향하게 놓고 간장, 버터, 마늘(적당량씩)을 넣은 뒤 약불에서 천천히 굽는다.
2. 속이 보글보글 끓기 시작하면 2~3분 정도 뒤에 꺼낸다. 포크 등으로 뚜껑을 제거한 뒤 먹는다.

철판구이
TEPPAN YAKI

해산물 BBQ 중에는 석쇠로 할 수 없는 요리도 많다. 수분이나 오일을 이용하는 요리에는 철판이나 주물팬이 필요한데, 생선의 감칠맛을 살린 소스나 국물을 만들 수 있는 것이 가장 큰 매력이다. 이때는 약불로 천천히 가열하는 것보다 중불~센불로 해산물 표면을 누릇하게 구운 뒤 수분을 추가하는 것이 좋다. 이렇게 하면 구이, 찜, 조림의 장점을 모두 살린 요리를 만들 수 있다.

1 갈릭 쉬림프
GARLIC SHRIMP

새우 10마리 정도
마늘(다진) 2쪽
레몬즙 1/2개 분량
올리브오일 1~2큰술
소금, 후추 조금씩
버터 1/2~1큰술
이탈리안 파슬리 적당량

1 새우는 껍질을 벗기고 등에 칼을 넣어 내장을 제거한다.
2 지퍼백에 다진 마늘, 레몬즙, 올리브오일, 새우를 넣고 버무려서 1시간 정도 재운다(전날부터 재워도 OK).
3 주물팬을 중불 위치에서 달구고, 양념에 재운 새우를 양념과 함께 넣는다. 새우는 되도록 겹치지 않게 가지런히 올려서 양면을 구운 뒤, 마무리로 버터를 넣고 소금, 후추로 간을 한다. 잘게 썬 이탈리안 파슬리를 얹으면 완성.

2 참치 꼬리살 스테이크
TUNA TAIL STEAK

참치 꼬리살(해동) 1덩어리
마늘 1쪽
올리브오일 적당량
화이트와인 1큰술
소금, 후추 조금씩
로즈메리 1줄기

1 해동한 꼬리살에 소금을 뿌리고 상온에 둔다.
2 주물팬에 올리브오일과 마늘을 넣고 볶다가 향이 나면 마늘을 꺼낸다.
3 꼬리살은 여분의 수분을 키친타월로 닦아서 주물팬에 넣고, 로즈메리를 얹어 중불에서 천천히 굽는다.
4 5분 정도 굽고 뒤집어서 화이트와인을 뿌리고, 뚜껑을 덮어 5분 정도 익힌 다음 후추를 살짝 뿌린다.

포일구이
BAKED IN FOIL

감칠맛과 수분을 지켜주는 포일구이는 구이지만 찜과 닮은, 재료 자체의 수분을 이용하는 조리방법이다. 재료를 겹쳐서 구울 때는 수분이 많은 재료를 아래쪽에 두는 것이 포인트. 포일은 찢어지기 쉬우므로 주의해서 다뤄야 한다. 또 포일을 열면 뜨거운 김이 올라오기 때문에 데지 않도록 주의한다.

1 오징어 포일구이
SQUID BAKED IN FOIL

JUICY

오징어 1마리
마늘 1쪽
블랙올리브 4~5개
방울토마토 3~4개
올리브오일 적당량
소금, 후추 적당량씩
이탈리안 파슬리 적당량

1 오징어는 모양이 망가지지 않도록 주의해서 내장을 빼내고, 연골, 입, 눈을 제거한다. 몸통은 둥글게 썰고, 다리와 내장은 먹기 좋은 크기로 자른다. 껍질은 벗기지 않아도 괜찮다. 마늘은 얇게 썰고, 올리브와 토마토는 2등분한다.
2 알루미늄포일에 올리브오일, 마늘, 올리브, 토마토를 담고 오징어를 그 위에 올린다.
3 소금, 후추를 뿌리고 포일을 닫은 뒤 약불~중불 위치에 둔다. 포일 입구에서 김이 나기 시작하면 2~3분 정도 더 굽고, 잘게 자른 이탈리안 파슬리를 올린다.

2 농어 포일구이
SEABASS BAKED IN FOIL

농어(토막낸) 1~2조각
양파 1/4개
버섯(취향에 따라) 적당량
방울토마토 1~2개
타임 1~2줄기
소금, 후추 적당량씩
버터 1/2~1큰술
화이트와인 조금

1. 양파는 얇게, 버섯은 먹기 좋은 크기로 썰고, 토마토는 4등분한다. 농어에 소금, 후추를 뿌린다.
2. 알루미늄포일에 양파를 깔고 버섯과 토마토를 올린다. 그 위에 농어와 타임, 버터를 올린 뒤 화이트와인을 살짝 뿌린다.
3. 포일을 닫고 약불~중불 위치에 놓는다. 포일 입구에서 김이 나기 시작하면 2~3분 더 굽는다.

&TASTY

채소
VEGETABLES

채소 통구이
WHOLE GRILLED VEGETABLES

조리도구를 전혀 사용하지 않고 채소를 통째로 숯불 안에 넣고 굽는 그야말로 상남자의 BBQ 요리. 껍질이 단단하고 수분이 많은 채소에 적합한 조리방법이다. 숯불향이 채소에 배어들고 채소 자체의 수분으로 찌듯이 구워지므로, 채소의 맛과 숯불향의 어우러짐을 심플하게 즐길 수 있다. 대파, 양파, 단호박, 파프리카 등을 구워보자.

1
양배추구이
ROASTED CABBAGE

양배추 1개
소스 재료
    요거트 200㎖
    딜 적당량
    레몬즙 1/2개 분량
    소금 조금

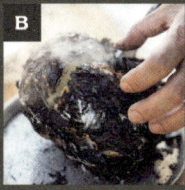

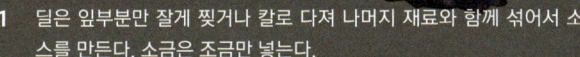
WHAT'S THIS?

1. 딜은 잎부분만 잘게 찢거나 칼로 다져 나머지 재료와 함께 섞어서 소스를 만든다. 소금은 조금만 넣는다.
2. 숯불 속에 양배추를 통째로 넣는다. 윗부분이 숯으로 덮이지 않으면 모닥불을 피울 때처럼 양배추 둘레에 장작을 쌓고 불을 붙여서(**A**), 전체에 열이 골고루 전달되게 한다. 표면이 새까맣게 타도 관계없다.
3. 그대로 두고 천천히 오래 굽는다. 불이 셀 필요는 없지만 꺼지지 않게 주의한다.
4. 30분 정도 뒤에 꼬치로 찔러서 쑥 들어가면 완성. 검게 탄 겉잎은 벗겨내고(**B**), 먹기 좋은 크기로 썰어서(**C**) 소스를 곁들인다. 채소의 감칠맛을 방해하지 않는 만능소스이므로, 여러 가지 채소요리에 사용할 수 있다.

2
가지구이
ROASTED EGGPLANT

가지 원하는 만큼

1. 숯불 속에 가지를 넣고 위까지 숯으로 덮는다(**A**). 눈 깜짝할 사이에 완성되기 때문에 잘 지켜봐야 한다.
2. 굽는 시간은 3분 정도인데, 갈라진 껍질 사이에서 김이 나기 시작하면 1분 정도 더 굽는다.
3. 간장을 뿌려서 먹는다.

오일코팅구이
GRILLED OILCOATING

구운 고기는 먹음직스러운데 곁들인 채소는 퍼석퍼석 말라있는 모습은 BBQ에서 흔히 볼 수 있다. 자른 채소를 숯불에 구우면 금세 마르기 때문이다. 이럴 때는 채소를 오일로 코팅해서 수분 증발을 막아주면 촉촉하고 부드럽게 구울 수 있다. 또, 요철 그릴팬을 사용하면 채소가 달라붙지 않아서, 불을 잘 조절하지 못해도 타지 않고 알맞게 구워진다.

NICE IDEA

 알록달록 채소구이
GRILLED COLORFUL VEGETABLES

단호박, 파프리카, 아스파라거스, 주키니, 영콘 등 좋아하는 채소 원하는 만큼
올리브오일 적당량
소금, 후추 적당량씩

1 먹기 좋은 크기로 자른 채소를 볼에 담고 올리브오일, 소금, 후추를 넣어 골고루 버무린다. 볼을 흔들어 채소를 볼 안에서 굴려도 좋다.
2 숯불에 올려 달군 그릴팬에 채소를 가지런히 올려서 굽는다. 구운 색이 나면 뒤집고, 양면에 먹음직스럽게 구운 색이 날 때까지 굽는다.

포일구이
BAKED IN FOIL

통구이, 오일코팅구이, 그리고 이번에 소개하는 포일구이에서도, 채소를 맛있게 구우려면 채소 자체의 수분을 유지하는 것이 중요하다. 알루미늄 포일로 감싸면 표면이 타지 않고 오랫동안 천천히 익힐 수 있기 때문에, 고구마나 사과 등 껍질이 얇은 채소나 과일, 자른 채소 등을 구울 때도 유용한 조리방법이다.

1 군고구마
BAKED SWEETPOTATO

1. 고구마는 씻어서 물에 적신 키친타월이나 신문으로 싸고(**A**) 그 위를 알루미늄포일로 한 번 더 감싸서, 숯불 가장자리에 놓는다.
2. 5분 간격으로 1/4바퀴씩 방향을 돌리면서 30분~1시간 정도 굽는다. 낮은 온도에서 천천히 구워야 전분이 당으로 변해, 꿀처럼 달콤한 군고구마가 된다.

2 사과구이
BAKED APPLE

1. 사과의 심을 제거하고 빈 구멍에 설탕, 버터 1큰술씩(취향에 따라)과 시나몬스틱(없으면 파우더)을 넣어 알루미늄포일로 감싼다.
2. 사과를 거꾸로 놓지 않도록 주의해서, 옆면에 열기가 닿도록 숯불 가장자리에 놓는다.
3. 2~3분 간격으로 1/4바퀴씩 방향을 돌려서, 1바퀴 돌리면 완성이다.

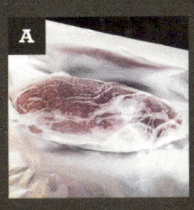

A

숯불 다루는 방법
—— IDEA and METHOD ——

BBQ에서 가장 어려운 것은 익숙하지 않은 숯불을 다루는 일이다. 불을 붙이기도 어려운데 불 세기까지 조절할 수 있을까? 하지만 반드시 필요한 최소한의 방법만 알아도 BBQ를 즐길 수 있다. 미세한 불 조절은 힘들어도 고기든 생선이든 채소든 구울 수 있다. 가장 중요한 것은 불, 그리고 요리재료와 마주하는 일일지도…….

숯을 준비한다

BBQ에서 연료로 사용하는 것은 나무를 구워 탄화시킨 「숯(목탄)」이다. 불꽃이 계속 일어나면서 짧은 시간에 모두 타버리는 모닥불과 달리, 숯불은 안정적인 화력을 얻을 수 있고 오래 유지되기 때문에 요리에 적합하다. 숯은 원료로 사용한 나무의 종류, 제조 방법, 모양 등에 따라 몇 가지로 나눌 수 있으며, 특징과 가격이 각각 다르다. 숯이 타면서 발생하는 연기나 열이 식재료에 직접 닿기 때문에, 숯에 따라 요리의 향과 완성도도 달라진다. 여러 가지 숯을 시험해보고 알맞은 숯을 사용하면 BBQ가 더욱 즐겁고 맛있어질 것이다.

흑탄

BBQ에서 가장 많이 사용하는 종류이다. 참나무, 상수리나무, 떡갈나무 등으로 만들며, 맹그로브로 만든 숯은 값이 저렴하다. 불이 잘 붙고 온도가 빨리 올라가서 사용하기 편하며, 쉽게 구입할 수 있다.

백탄

고급 숯으로 알려진 비장탄이 대표적이다. 졸가시나무 등으로 만들며, 단단하고 불이 잘 붙지 않지만 오랜 시간 안정된 화력이 유지된다.

열탄

톱밥을 압축하여 구워낸 숯. 백탄과 성질이 비슷해서 오랜 시간 고온이 유지되며, 비장탄보다 가성비가 좋다.

그 밖의 숯

야자나무 조각이나 톱밥에 접착제를 넣고 단단하게 굳혀서 탄화시킨 성형탄이나 조개탄 등도 BBQ에 사용되는데, 재료에 불길이 직접 닿는 석쇠구이 등에는 접착제를 넣지 않은 숯을 사용하는 것이 좋다.

BBQ 도구

숯불 다루는 방법
IDEA and METHOD

BBQ를 할 때 반드시 필요한 도구는 가스레인지 대신 사용할 화로대와 그릴, 그리고 식재료를 올릴 석쇠와 철판이다. 다양한 종류가 있기 때문에 각자의 BBQ 스타일에 맞는 것을 선택한다. 또한 숯을 다룰 때 필요한 집게나 내열장갑도 안전을 위해 반드시 준비한다.

화로대

가장 많이 사용하는 것이 화로대이다. 크기도 다양해서 BBQ에는 물론 모닥불을 피워놓고 불멍을 즐기고 싶을 때도 사용할 수 있다. 연소효율을 위해 바람이 통하게 되어 있는데, 모닥불용으로 바람이 매우 잘 통하게 만든 화로대는 숯불을 피우기 힘든 경우도 있다.

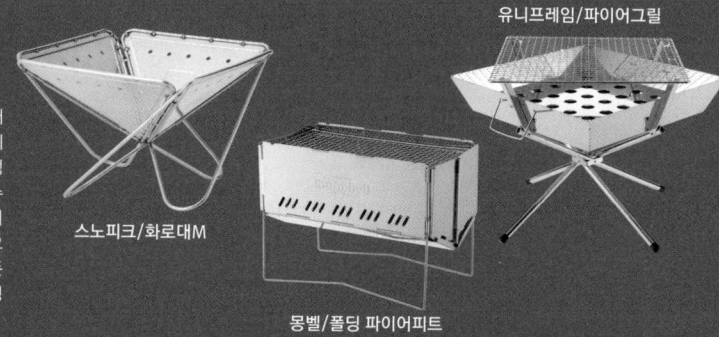

유니프레임/파이어그릴

스노피크/화로대M

몽벨/폴딩 파이어피트

BBQ 그릴

크기가 큰 BBQ 전용 그릴은 여러 사람이 함께하는 BBQ에 안성맞춤이다. 휴대하기는 힘들지만 집에서 BBQ를 할 기회가 많다면 뚜껑 있는 그릴을 추천한다. 가스나 전기 겸용 타입은 불도 쉽게 붙일 수 있다.

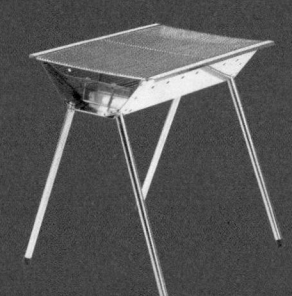

웨버/콤팩트 케틀 차콜 그릴

유니프레임/UF 터프그릴

미니 그릴

최근 인기가 많은 1~2인용의 작은 그릴은 간편하게 BBQ를 즐기기 좋다. 미니 사이즈의 로스틀이나 철판과 함께 사용하면 편리하다.

텐마크 디자인/오토코마에 파이어그릴

유니프레임/신그릴solo

석쇠, 철판

BBQ에 반드시 필요한 도구이다. 숯불에 직접 구워서 불맛을 즐기거나 기름을 빼고 싶다면 석쇠를, 크기가 작은 식재료나 기름을 이용할 때는 철판을 사용한다. 내구성도 고려해서 선택한다.

유니프레임/헤비 로스틀

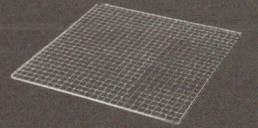

유니프레임/석쇠

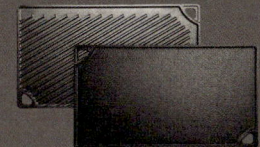

롯지/더블 그리들

텐마크 디자인/오토코마에 그릴 플레이트

주물팬, 그릴팬

철판구이에는 포장마차에서 사용하는 것처럼 큰 철판보다 다루기 쉬운 주물팬이 좋다. 이 책에서 소개한 철판구이의 경우 대부분 주물팬을 사용하였다. 요철 그릴팬을 사용하면 또 다른 모습으로 완성된다.

롯지/주물팬

롯지/사각 그릴팬

더치오븐

잘 사용하면 BBQ 요리의 폭이 넓어진다. 조림요리에 사용하는 경우가 많지만, 윗불까지 이용해 오븐처럼 사용하면 더 다양한 요리를 만들 수 있다. 심지어 빵도 구울 수 있다.

롯지/더치오븐

롯지/캠프 오븐

소토/스테인리스 더치오븐

그 밖의 도구

BBQ에 필요한 소품류. 숯을 옮기는 집게나 내화·내열성 장갑은 필수 아이템이다. 집게는 숯불용과 식재료용으로 구분해서 사용한다.

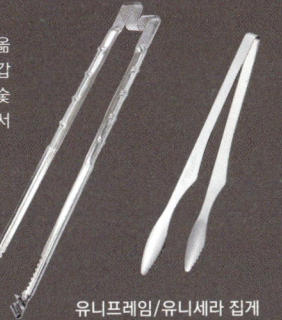

텐마크 디자인/킹 집게

유니프레임/유니세라 집게

텐마크 디자인/사슴가죽 장갑

소토/필드 라이터 터보

불을 붙여 숯불을 만든다

숯불 다루는 방법 IDEA and METHOD

잘 굽기 위해서는 숯불을 잘 만드는 것이 매우 중요하다. 숯에서 불꽃이 올라오는 상태에서는 식재료를 구울 수 없다. 숯불을 제대로 만들지 못하면 설익거나, 고르게 구워지지 않거나, 새까맣게 타버린다. 불이 골고루 옮겨붙으면 화력이 안정되지만, 그렇게 되기까지는 시간이 필요한 것이 숯의 특성이다. 익숙하지 않으면 불을 붙이는 것도 힘들 수 있지만, 불만 붙이면 그 다음은 기본적으로 기다리기만 하면 된다. 배가 고파지기 전에 불을 잘 만들어보자.

1 숯을 쌓는다

숯을 잘 쌓으면 쉽게 불을 붙일 수 있다. 포인트는 공기가 통하는 길을 확보하는 것. 큼직한 숯을 고르고, 원통 모양의 숯이라면 사진처럼 결이 세로가 되도록 가지런히 쌓는다. 숯에서 숯으로 불이 옮겨붙도록 가까이 모아서 쌓고, 가는 숯은 틈새에 기대서 세운다. 비장탄이나 열탄 등 길쭉한 숯은 세울 수 없기 때문에, 우물 정자 모양으로 쌓는다.

처음에는 숯을 사진 정도의 분량만 쌓아서 불을 붙인다. 결이 세로가 되게 쌓으면 숯 내부에도 공기가 통해서 불이 잘 붙는다.

2 불을 붙인다

시판 착화제를 사용하면 쉽고 빠르게 불을 붙일 수 있다. 쌓아둔 숯의 아래쪽에서 위로 불길이 퍼지도록 착화제 위에 숯을 쌓고 불을 붙인다. 그 뒤에는 되도록 건드리지 않고 숯에 불이 붙어서 번지기를 기다리면 된다. 불이 잘 번지지 않으면 부채나 부싯봉으로 바람을 불어넣어도 좋다.

우유팩으로 만든 불쏘시개를 사용한 예. V자형 아래쪽에 불을 붙인 뒤 숯 아래쪽부터 불이 붙도록 틈새에 꽂아준다.

3 음식을 조리할 수 있는 상태가 될 때까지 기다린다

불길이 잦아들면서 숯 표면은 하얗고 속은 새빨간 상태(잉걸불)가 되면 음식을 조리할 수 있다. 불꽃이 아니라 고온의 열(적외선)로 식재료를 익히는 것이다. 이쯤 되면 중심불에서 먼 위치에서도 생각보다 강한 화력을 얻을 수 있다. 불이 약해지기 시작하면 붉은 숯이 어느 정도 남아 있을 때 새 숯을 보충한다. 불이 완전히 약해진 뒤에는 새로운 숯을 넣어도 불이 잘 붙지 않기 때문에 타이밍이 중요하다.

불 세기를 조절한다

불이 완성되면 이제 굽기만 하면 된다. 그런데 레시피에 따라 센불로 굽거나 약불로 구워야 할 때가 있다. BBQ에서는 가정용 가스레인지처럼 불 세기를 조절할 수 없기 때문에, 숯불과의 거리로 센불과 약불을 조절한다. 그릴 안에 숯을 놓을 때 센불과 약불의 위치, 그리고 중심불로부터 먼 위치에서도 구울 수 있게 배치해 놓으면, 식재료를 놓는 위치에 따라 불 세기를 조절할 수 있다. 중심불에서 가장 먼 곳은 보온이 필요할 때 사용한다.

1 세로분할 배치

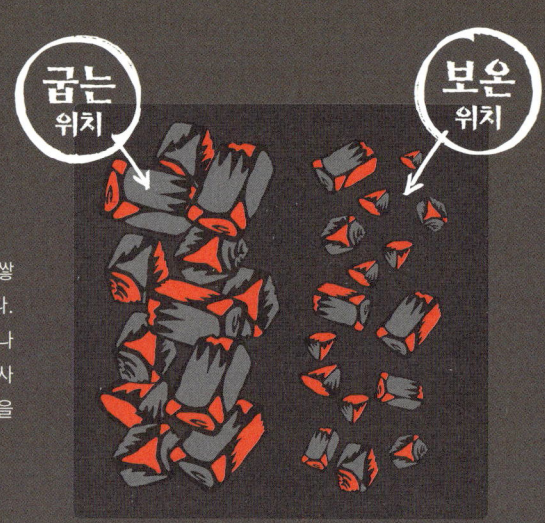

그릴 양쪽에 그림처럼 숯의 양을 다르게 쌓아서 센불과 약불로 나누는 기본 배치이다. 가운데는 중불이 된다. 직사각형 그릴이나 작은 그릴에 알맞으며, 어떤 레시피에도 사용할 수 있다. 그릴 크기에 맞게 분할 비율을 조절해보자.

2 원형 배치

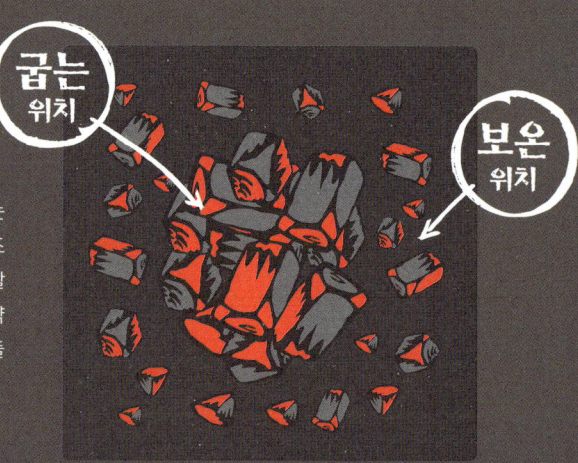

가운데로 숯을 모아서 주위를 약불로 만드는 배치이다. 중심부와의 거리로 불 세기를 조절할 수 있다. 특히 대형 BBQ 그릴을 사용할 때 적합한 구성이다. 모든 방향으로 센불~약불을 만들 수 있어서, 여럿이서 불 주위에 둘러앉아 고기를 굽기 좋다.

도구를 세팅한다

숯불 다루는 방법
IDEA and METHOD

숯불이 준비되면 그릴에 구이용 도구를 세팅한다. 석쇠나 철판은 그릴이나 화로대와 세트로 구성된 것이 잘 맞는다. 크기가 맞지 않을 경우 비스듬히 놓거나 적당한 크기의 로스틀을 사용해도 좋다. 주물팬이나 더치오븐은 석쇠를 세팅한 위에 올려도 되고, 와일드하게 숯불 위에 바로 올려도 OK. 미니 철판에는 미니 그릴이나 슬림한 로스틀을 사용한다.

2 냄비류는 석쇠 위나 숯 위에 직접 올린다

석쇠나 로스틀 위에 놓는 것이 안정적이지만, 숯과 거리가 너무 멀어서 화력이 약하다면 숯 위에 직접 올려도 된다. 두툼한 주물팬이나 더치오븐은 원래 그렇게 사용한다. 균형을 잃지 않도록 주의한다.

1 석쇠는 숯 위에 직접 올린다

석쇠구이는 식재료의 위치나 방향을 바꿔서 불 세기를 섬세하게 조절할 수 있다. 화로대나 그릴 위에 직접 올려놓고 사용한다. 세트 제품이라면 정해진 방법대로 놓는다.

3 미니 철판에는 로스틀이나 미니 그릴이 편하다

최근 인기가 많은 미니 철판은 작은 크기의 그릴과 잘 맞는다. 혼자서 BBQ를 할 때는 이 조합을 추천한다. 슬림한 타입의 로스틀도 간단하게 구울 때 편리하다.

BBQ 레시피 중에는 숯불을 이용한 「구이」가 가장 많지만, 굽지 않고 만드는 레시피도 필요하다. 불을 피우는 동안 간단히 먹을 음식, 고기 이외의 재료로 만든 음식, 안주가 아닌 밥반찬이나 따뜻한 국물 등이 있으면 삼시 세끼를 BBQ로 즐길 수도 있다. 여기서는 그런 바람을 이룰 수 있는 다양한 레시피를 소개한다. 마음에 드는 레시피를 찾아보고 언젠가는 모두 만들어보자.

불이 붙을 때까지
후다닥 안주 레시피

숯불을 피우고 고기가 익을 때까지는, 의외로 시간이 오래 걸린다. 불이 필요 없는 레시피로 일단 건배부터 하고 보자!

당근 1개
화이트와인 비네거, 오렌지주스, E.V. 올리브오일 1큰술씩
건포도, 좋아하는 견과류 적당량씩

1 당근은 껍질을 벗기고 5cm 길이의 얇은 직사각형으로 썬다.
2 볼에 모든 재료를 넣고 버무린 뒤 5분 정도 그대로 둔다. 이탈리안 파슬리(재료 외)를 올린다.

집에서 만들어 가도 좋은

1 당근 라페
CAROTTES RAPEES

2 순무, 루콜라, 생햄 마리네이드
MARINADE TURNIP, ROQUETTE, PROSCIUTTO

순무, 루콜라, 생햄 적당량씩
E.V. 올리브오일, 화이트와인 비네거
   1큰술씩
소금, 후추 적당량씩

1 순무는 껍질을 벗기고 세로로 8등분 또는 12등분해서 반달모양으로 자른 뒤, 소금을 뿌리고 5분 정도 지나서 물기를 짠다. 루콜라와 생햄은 먹기 좋은 크기로 자른다.
2 볼에 순무, 루콜라, 생햄, 오일과 식초를 넣고 버무린 뒤 소금, 후추로 간을 한다.

후추를 듬뿍 뿌리면 더 맛있는

3 훈제연어 찹샐러드
CHOPPED SALAD (WITH SMOKED SALMON)

훈제연어 원하는 만큼
적양파, 파프리카 1/2개씩
오이 1개
방울토마토 4~5개
아보카도 1개
레몬즙 1/2개 분량
E.V. 올리브오일 1큰술
소금, 후추 적당량씩
엔다이브(생략 가능) 적당량

1 연어와 채소는 모두 1cm 크기로 깍둑 썬 뒤, 나머지 재료와 함께 볼에 넣고 버무린다.
2 접시에 담아서 작게 자른 딜(재료 외)을 뿌리고, 그대로 먹거나 엔다이브 위에 올려서 먹는다.

엔다이브를 곁들이면 더 멋스러운

4 카나페 2종
2 TYPES CANAPE

나라즈케와 크림치즈의 조합!

나라즈케와 크림치즈 카나페
바게트, 나라즈케, 크림치즈 적당량씩

*나라즈케[奈良漬け]_ 울외를 술지게미에 절인 일본 나라 지방의 향토음식.

1 바게트는 슬라이스한다. 숯불에 살짝 구워도 좋다.
2 크림치즈를 바르고 슬라이스한 나라즈케를 올린다. 발사믹소스(p.97)를 뿌려도 맛있다.

정어리 카나페
바게트, 정어리 오일절임, 양파, 마요네즈, 후추 적당량씩

1 양파는 다져서 마요네즈와 섞는다. 시간이 지나면 피클처럼 맛이 배어서 맛있어지므로, 미리 만들어 두어도 좋다.
2 슬라이스한 바게트에 1을 바르고 정어리를 올린 뒤 후추를 뿌린다. 작게 자른 이탈리안 파슬리(재료 외)를 올린다.

\ 금방 만들 수 있는 /

주물팬 안주 레시피

주물팬으로 요리하면
불 조절을 크게 신경쓰지 않아도 된다.
뚝딱뚝딱 만들 수 있는
안주 6가지를 소개한다.

1 풋콩 페페론치노
GREEN SOYBEANS PEPERONCINO

풋콩 120g
마늘(다진) 1쪽
홍고추 2~3개
올리브오일, 소금 적당량씩

짭조름해야 맛있는!

1. 풋콩은 2~3분 정도 데친다.
2. 주물팬에 올리브오일, 마늘, 홍고추(씨째로)를 넣고 숯불에 올려서 볶는다.
3. 풋콩을 넣고 소금으로 간을 해서 살짝 볶는다.

달걀의 익힘 정도는 취향에 따라

안초비 맛이 살아있다!

2 콘비프와 감자를 넣은 스패니시 오믈렛
SPANISH OMELET

콘비프 통조림 1캔
감자 1개
달걀 2개
소금, 후추 적당량씩

1 감자는 얇게 슬라이스해서 풀어놓은 콘비프, 달걀, 소금, 후추와 함께 볼에 넣고 섞는다.
2 숯불에 주물팬을 올리고 달궈서 1을 붓는다. 오븐 페이퍼 등을 깔면 달라붙지 않는다.
3 휘저으면서 익히다가 달걀이 거의 익으면 뚜껑을 덮고, 약불 위치로 옮긴다. 2~3분 동안 그대로 둔다.

3 안초비 브로콜리
ANCHOVY BROCCOLI

안초비 3~4조각
브로콜리 1송이
마늘 1쪽
올리브오일 적당량

1 마늘은 슬라이스하고, 안초비는 잘게 썬다.
2 주물팬에 올리브오일과 1을 넣고 숯불에 올려, 향이 날 때까지 섞으면서 볶는다.
3 깨끗이 씻어서 작게 나눈 브로콜리를 끓는 물에 30초 정도 데친 뒤, 주물팬에 넣고 살짝 버무린다.

4 닭모래집과 양송이 아히요
GIZZARD & MUSHROOM AJILLO

오일까지 맛있는

닭모래집, 양송이 원하는 만큼씩
마늘 3~5쪽
홍고추 3개
올리브오일 적당량
소금, 후추 적당량씩

1. 모래집은 얇은 껍질을 벗기고 소금을 뿌린다. 양송이는 불순물이 묻어 있으면 닦아 내고 먹기 좋게 자른다.
2. 주물팬에 올리브오일을 넉넉히 부은 뒤 껍질 벗긴 마늘, 홍고추를 넣는다.
3. 1을 주물팬에 넣고 숯불의 약불 위치에서 천천히 가열한다. 모래집을 가끔 뒤집으면서 끓이다가, 끓기 시작하면 3분 정도 더 익혀서 소금, 후추를 뿌린다.

※ 천천히 가열하면 모래집이 부드러워진다.

5. 커리부르스트
CURRYWURST

소시지 원하는 만큼
케첩 1큰술
우스터소스 1작은술
카레가루 1큰술

1. 소시지를 5㎜ 두께로 어슷하게 썰고, 숯불에 올려서 달군 주물팬에 넣고 볶는다.
2. 익으면 케첩과 우스터소스를 넣고 섞은 뒤 카레가루를 뿌린다.

※ 카레가루의 양은 취향에 따라 조절한다.

맥주가 술술 넘어가는

6. 베이컨 파인애플
BACON PINEAPPLE

베이컨(덩어리), 파인애플, 후추 적당량씩

1. 베이컨과 파인애플을 비슷한 크기로 썬다.
2. 숯불에 올려서 달군 주물팬에 베이컨을 넣고 볶는다.
3. 베이컨이 구워지면 파인애플을 넣는다. 노릇해지면 후추를 뿌린다.

달콤하면서도 짭조름한

\ 숯불에 구워야 제맛! /

꼬치구이 4종 레시피

닭꼬치는 물론, BBQ에도 딱 맞는 꼬치구이 4종을 소개한다. 일식, 양식, 동남아식으로 다양한 맛을 즐겨보자!

1 카망베르 베이컨말이
CAMEMBERT BACON ROLL

카망베르 치즈 **1개**
베이컨 **6~8장**
후추 **적당량**

1. 치즈를 6~8등분한 뒤 베이컨으로 말아서 꼬치에 꽂는다.
2. 약불 위치에 석쇠를 놓고 **1**을 올린 뒤, 가끔씩 뒤집으면서 카망베르가 살짝 녹을 때까지 굽고, 후추를 뿌린다.

뜨거운 치즈에 데지 않도록 주의!

2 3가지 맛 닭안심 꼬치구이
TENDERLOIN YAKITORI

닭안심, 매실절임, 차즈기, 고추냉이, 김, 잘 녹는 슬라이스 치즈, 후추
원하는 만큼씩

매실절임과 차즈기, 고추냉이와 김
1. 안심은 한입크기로 잘라서 꼬치에 꽂는다.
2. 약불 위치에 석쇠를 올리고 꼬치를 굽는다. 양면이 살짝 익으면 씨를 빼고 페이스트 상태로 만든 매실절임과 채썬 차즈기, 고추냉이와 김을 각각 올린다.

치즈
1. 닭안심의 한쪽 면이 익으면 뒤집어서 치즈를 올린다.
2. 뒷면이 익고 치즈가 녹으면 후추를 살짝 뿌린다.

너무 오래 굽지 않는 것이 포인트

여러 가지 채소를 말아보자

3 삼겹살말이 꼬치
VEGETABLE PORK BELLY ROLL

대패삼겹살, 아스파라거스, 새송이, 방울토마토 원하는 만큼씩

1. 아스파라거스는 뿌리쪽 단단한 부분의 껍질을 벗기고 길이를 2등분한다. 새송이는 세로로 4~6등분한다. 토마토는 꼭지를 뗀다.
2. 1을 각각 대패삼겹살로 돌돌 말아서 풀리지 않게 꼬치를 꽂아 고정한 뒤 소금, 후추를 뿌린다. 꼬치를 2개 꽂으면 구울 때 편하다.
3. 숯불에 올린 석쇠 위에 놓고 양면을 굽는다. 꼬치가 타지 않게 주의해서 굽는다.

색다른 맛의
쓰쿠네

4 동남아식 닭고기 쓰쿠네
ETHNIC TSUKUNE

다진 닭고기 250g
고수 1다발
레몬즙 1/2개 분량
남플라 1작은술

*쓰쿠네[つくね]_ 생선살이나 닭고기를 갈아서 계란을 넣고 반죽해 모양을 만들어 구운 요리.

1 볼에 다진 닭고기와 다진 고수줄기, 레몬즙, 남플라를 넣어 섞는다.
2 끈기가 생기면 긴 타원형으로 빚어서 꼬치를 꽂는다.
3 알루미늄포일로 싸서 석쇠 위에 가지런히 올리고 양면을 굽는다.
4 고수잎은 작게 잘라서 곁들이고, 레몬즙(분량 외)을 뿌려서 먹는다.

\ 뿌리면 맛있는 /
소스가 한몫하는 레시피

고기나 채소에 뿌리기만 하면
순식간에 맛있어진다!
간편하고 맛도 좋은
3가지 소스를 이용한 레시피.

> 파, 소금, 레몬으로
> 소스를

1 소혀 & 돼지항정살 구이
GRILLED OX TONGUE & TONTORO

소혀, 돼지항정살(구이용) 원하는 만큼씩
파, 소금, 레몬 소스
    | 대파 1줄기
    | 레몬즙 1/2개 분량
    | 참기름 1큰술
    | 소금, 후추 조금씩

1 대파를 다지고 나머지 소스 재료를 모두 섞어서 소스를 만든다.
2 고기를 굽고 소스를 얹는다.

※ 어떤 고기와도 궁합이 좋고, 해산물에도 잘 어울린다. 샐러드 드레싱으로 사용해도 맛있다.

간단하게 만드는
바냐 카우다

2 감자와 순무 포일구이
POTATO & TURNIP BAKED IN FOIL

감자, 순무 원하는 만큼씩
바냐 카우다
    안초비 2~3조각
    마늘 1쪽
    올리브오일 1~2큰술
    마요네즈 2~3큰술

1 마늘은 곱게 다지고, 안초비는 잘게 썰어서 올리브오일과 함께 스테인리스 컵(시에라 컵)에 넣고, 안초비가 잘 풀어질 때까지 가열한다. 한 김 식으면 마요네즈를 섞어서 소스를 만든다.

2 감자는 바닥까지 완전히 잘리지 않도록, 5mm 간격으로 칼집을 낸다. 감자 위아래에 나무젓가락을 놓고 자르면 편하다.

3 감자와 순무를 알루미늄포일로 싸서 숯불 가장자리에 둔다. 2~3분 간격으로 1/4바퀴씩 돌리면서 굽는다. 1바퀴 돌면 완성. 구운 순무는 4등분한다.

4 뜨거울 때 소스를 위에 얹는다.

3 오리고기 로스트
ROASTED DUCK MEAT

오리 가슴살 1덩어리
소금, 후추 적당량씩
발사믹소스 적당량

1. 가슴살은 껍질에 격자모양으로 칼집을 낸 뒤 소금, 후추를 뿌린다.
2. 숯불에 주물팬을 올려 달구고, 고기를 껍질쪽부터 굽는다. 불 세기는 중불 위치에서.
3. 기름이 배어나오도록 2~3분 동안 구운 뒤, 뒤집어서 2분 정도 더 굽는다.
4. 원하는 두께로 잘라서 접시에 담고 소스를 뿌린다. 어린잎채소(재료 외)를 곁들이면 좋다.

4 가리비 소테
SAUTEED SCALLOP

가리비 관자(횟감용) 3~4개
소금, 후추 적당량씩
발사믹소스 적당량

1. 가리비 관자에 소금을 뿌린 뒤 그릴팬에 올려 굽는다. 1분 정도 구워서 구운 색을 내고, 뒤집어서 양면에 옅은 구운 색을 낸다.
2. 접시에 담고 후추를 뿌린 뒤 소스를 올린다.

● 발사믹소스
발사믹식초를 휘저으면서 걸쭉해질 때까지 졸인다. 만들어 두면 유용한 만능소스. 고기, 생선, 채소와 모두 잘 어울리며 프로에 가까운 맛을 낼 수 있다.

발사믹소스와 함께!

\ 굽기만 하면 된다 /

양념장에 재우는 레시피

쏙쏙 배어든 양념장 맛이
이 레시피의 키포인트.
전날 미리 재워두고,
현장에서는 굽기만 하면 된다.

밥에도 어울리는 진한 맛

1 미소된장에 재운 곱창구이
GRILLED BEEF TRIPE

소곱창(소장, 대장) 원하는 만큼
쪽파(녹색 부분) 적당량
양념장
　생강, 마늘 1쪽씩
　간장, 미소된장, 청주, 설탕, 맛술 1큰술씩
　두반장(생략 가능) 1큰술

1 생강과 마늘을 강판에 갈고, 나머지 양념장 재료를 모두 넣어 섞는다.
2 곱창은 밀가루로 주물러 준 뒤 흐르는 물에 씻어서 물기를 제거한다. 씻어놓은 곱창이라면 이 과정을 생략하고 양념장에 재운다.
3 주물팬을 숯불에 올려 달구고 곱창을 양념장과 함께 넣어 익힌 뒤, 송송 썬 쪽파를 듬뿍 올린다.

2 등갈비
SPARE RIBS

돼지 등갈비 6~8쪽
양념장
　　간장 5큰술
　　레드와인 3큰술
　　발사믹식초, 꿀 1큰술씩
　　생강, 마늘 1쪽씩
　　양파 1/4개

임펙트 있는 맛!

1　생강, 마늘, 양파를 강판에 갈고, 나머지 양념장 재료를 모두 넣어 섞는다.
2　등갈비는 포크로 찔러서 구멍을 내고, 양념장에 버무려 하룻밤 이상 재운다.
3　석쇠를 숯불에 올려 달구고, 물기를 살짝 뺀 등갈비를 가지런히 올린다. 뼈를 세워서 옆면부터 구우면 잘 익는다. 옆면, 옆면, 윗면, 아랫면 순서로 약불~중불에서 속까지 천천히 익힌다.

※ 고기를 미리 데쳐서 양념장에 재우면, 숯불에 데워서 바로 먹을 수 있다.

3 맛술에 재운 고등어구이
MACKEREL IN COOKING WINE

반찬도 되고, 안주도 되는

자반 고등어 2~3토막
양념장
　맛술 3큰술
　간장, 청주 1큰술씩
참깨(생략 가능) 적당량

1. 양념장 재료를 모두 섞어서 지퍼백에 넣고, 고등어를 넣어 하룻밤 재운다.
2. 석쇠를 숯불에 올려 달구고, 물기를 뺀 고등어를 올려 약불에서 천천히 굽는다.
3. 접시에 담고 참깨를 뿌린다.

\ 야외에서도 맛있게 /

허브 & 향신료 레시피

허브나 향신료를 더하면
재료의 맛이 한층 더 좋아져서,
야외에서 만드는 음식도
특별한 맛으로 완성할 수 있다.

1 삼나무판 연어 허브 구이
SALMON HERBGRILL ON CEDAR

생연어 2~3토막
딜 2~3줄기
레몬 1/2개
올리브오일 적당량
소금, 후추 적당량씩

상쾌한 삼나무
향이 일품!

1 깨끗한 삼나무판을 준비해서 요리하기 전에 살짝 물에 적셔둔다. 삼나무판은 목재상 등에서 구입할 수 있는데, 페인트칠이나 약품 처리 등의 가공을 하지 않은 것을 고른다.

2 삼나무판에 연어를 가지런히 올리고 소금, 후추를 뿌린 뒤, 코팅하듯이 올리브오일을 바른다.

3 딜과 얇게 썬 레몬을 얹고 삼나무판과 함께 알루미늄포일로 싸서, 약불에 올린 석쇠 위에 놓는다.

4 불 세기는 알루미늄포일 틈새로 김이 나는 정도가 좋다. 20~30분 정도 굽는다.

※ 삼나무판 아래는 타도 관계없다. 미리 적셔 놓아서 완전히 타지 않으니 안심해도 좋다.

> 로즈메리의
> 대활약!

2 로즈메리를 올린 램찹구이
LAMB CHOPS WITH ROSEMARY

램찹 3~4개
로즈메리 2~3줄기
소금, 후추 적당량씩

1. 램찹에 소금, 후추를 뿌린다.
2. 숯불에 그릴팬을 올려 달구고 로즈메리, 램찹, 로즈메리 순서로 겹쳐 올린 뒤 중불 위치에서 굽는다.
3. 1~2분 동안 구워서 표면에 구운 색이 나면, 뒤집어서 1~2분 정도 더 굽는다.

※ 발사믹소스(p.97)도 잘 어울린다.

3 스파이시 닭날개구이
SPICY CHICKEN WINGS

닭날개 10개 정도
화자오 1큰술
식용유 1큰술
소금, 후추 적당량씩

1. 볼에 닭날개를 담고 나머지 재료를 넣어 버무린다. 소금, 후추는 넉넉히 넣는 것이 좋다.
2. 숯불에 석쇠를 올려 달구고 껍질쪽이 아래로 가게 닭날개를 가지런히 올린다. 약불~중불 위치에서 양면에 구운 색을 내고 속까지 충분히 익힌다.

화자오의 얼얼한 맛

커민과 토마토는 환상의 궁합

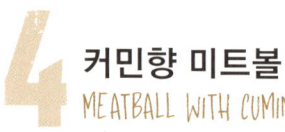

4 커민향 미트볼
MEATBALL WITH CUMIN

다진 돼지고기 350g
소금(미트볼용) 1/4작은술
커민씨 2작은술(1/2씩 나눠서 사용)
달걀흰자 1개 분량
다이스 토마토 통조림 1/4캔
올리브오일 조금
소금, 후추 적당량씩
이탈리안 파슬리(생략 가능) 적당량

1 볼에 다진 돼지고기와 소금을 넣고 버무린다. 손바닥으로 반죽하는 것이 아니라, 손가락을 세워서 끈기가 생길 때까지 섞는다
2 끈기가 생기면 커민씨 1작은술과 달걀흰자를 넣고 섞은 뒤, 원하는 크기로 둥글게 빚어 미트볼을 만든다.
3 주물팬을 숯불 위에 올리고 올리브오일을 조금 둘러 달군 뒤, 미트볼을 넣고 굴리면서 전체가 노릇노릇해지게 굽는다.
4 구운 색이 나면 토마토를 넣고 남은 커민씨와 소금, 후추를 넣는다. 조려야 하므로 이때의 맛은 살짝 약한 정도가 좋다.
5 저으면서 소스를 끓인 뒤 뚜껑을 덮고 약불에서 5분 정도 미트볼을 익힌다. 마지막에 간을 보고 부족하면 소금을 더 넣는다. 접시에 담고 작게 자른 이탈리안 파슬리를 올린다.

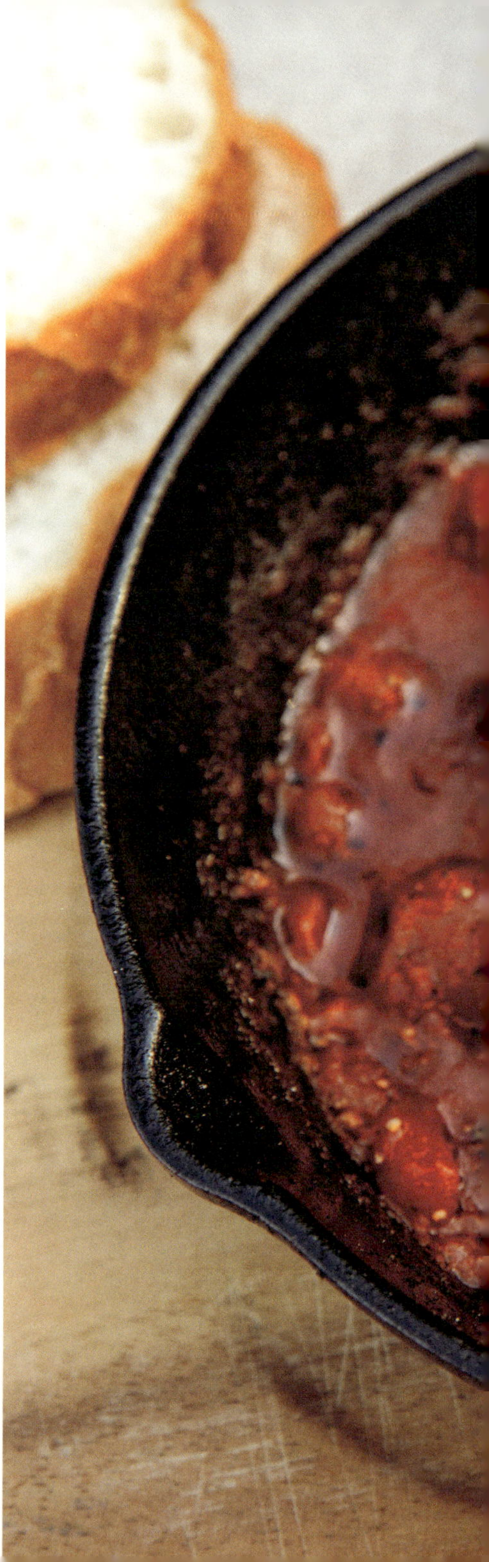

\ 활용도 만점 /

더치오븐 레시피

더치오븐은 BBQ를 할 때 가장 활용도가 높은 도구이다. 조림뿐 아니라 다양한 요리를 만들 수 있다.

1 돼지고기 소금가마구이
PORK IN SALT CRUST

간단하지만 진수성찬 느낌!

소금가마구이 만드는 방법과
더치오븐 사용법은
다음 페이지에! →

덩어리 돼지고기(목심) 500g
허브(타임 또는 로즈메리) 2다발
소금 1kg
달걀흰자 2개 분량
후추 적당량

1 큰 그릇에 소금과 달걀흰자를 넣고 휘저어서 섞는다(**A**). 어느 정도 저으면 거품이 생겨서 생크림처럼 변하므로, 사진과 같은 상태가 될 때까지 섞는다(**B**). 돼지고기에 후추를 골고루 뿌린다(**C**).
2 더치오븐 안쪽에 뒷처리가 쉽도록 알루미늄포일을 깔고, **1**의 소금을 1~2㎝ 두께로 깐다(**D**).
3 허브를 1다발 올리고 고기를 올린 뒤, 그 위에 나머지 허브를 얹는다(**E**).
4 나머지 소금으로 전체를 덮는다(**F**). 소금 500g당 달걀흰자 1개를 기본으로, 고기와 냄비 크기에 맞게 분량을 조절한다.
5 빈틈없이 소금을 덮은 뒤 더치오븐 뚜껑을 덮고(**G**) 숯불 위에 올린다. 숯 위에 직접 올리거나 석쇠 위에 올려도 좋다.
6 뚜껑 위에 큰 숯을 4~5개 올려서(**H**), 윗불도 센 상태에서 20~30분 동안 굽는다(**I**).
7 뚜껑을 열어서 소금이 갈색으로 변하고 단단해졌으면 완성(**J**).

※ 소금 덩어리를 깨고 고기를 꺼내 잘라서 먹는다. 발사믹소스(p.97)와 잘 어울린다(p.110~111 참조).

> 더치오븐으로
> 보글보글 끓이는

2 비프 스튜
BEEF STEW

소고기(정강이살 또는 힘줄) 300g
양파 2개
양송이(다른 버섯도 OK) 1팩
올리브오일 적당량
레드와인(720㎖) 1병
데미글라스소스 통조림 1캔
당근 1/2개
감자 2~3개
브로콜리 1/2송이
월계수잎(생략 가능) 1~2장

1. 고기는 먹기 좋은 크기로 썬다. 양파와 양송이는 얇게 썰고 당근, 감자, 브로콜리는 먹기 좋은 크기로 썬다.
2. 숯불에 더치오븐을 올리고 올리브오일을 둘러서 달군 뒤 고기를 넣는다. 구운 색이 나면 고기를 꺼내고 양파를 넣어 볶는다. 중간에 뚜껑을 몇 번 정도 덮고 볶으면 빨리 볶아진다. 조금 눌어붙는 정도는 신경쓰지 않아도 좋다.
3. 양파의 숨이 죽으면 고기를 다시 넣고 월계수잎을 넣은 뒤, 레드와인을 부어 끓인다. 거품을 걷어내고 거품이 더 이상 올라오지 않으면 양송이를 넣고 뚜껑을 덮어, 약불 위치에서 2시간 정도 끓인다. 수분이 부족하지 않은지 중간중간 확인한다.
4. 고기가 부드러워지면 데미글라스소스를 넣고 당근과 감자를 넣어 계속 끓인다. 금방 익는 브로콜리는 먹기 직전에 넣고 살짝 익힌다.

3 라타투이
RATATOUILLE

채소 듬뿍, 응용도 자유자재

베이컨 100g
양파, 주키니 1개씩
가지 2개
파프리카 1개
마늘 1쪽
다이스 토마토 통조림
    1/2~1캔
치킨 스톡 1작은술
케첩 1큰술
올리브오일, 소금, 후추
    적당량씩

1. 마늘은 다지고, 베이컨은 잘게 썬다. 양파는 세로로 8등분해 양끝을 잘라서 1장씩 분리하고, 주키니와 가지는 둥글게 썰고, 파프리카는 깍둑썬다. 채소는 모두 비슷한 크기로 써는 것이 좋다.
2. 더치오븐에 올리브오일, 마늘, 베이컨을 넣고 숯불에 올린 뒤, 향이 나기 시작하면 나머지 채소를 넣어 볶는다.
3. 채소와 기름이 잘 어우러지고 숨이 죽으면, 토마토와 치킨 스톡을 넣고 5분 정도 끓인다.
4. 채소가 익으면 케첩을 넣어 섞은 뒤 소금, 후추로 간을 한다.

※ 채소를 미리 숯불에 구워서 넣으면 고소한 향이 더해져 맛이 좋다.

콜라와 간장으로 조리는

4 닭봉 콜라조림
DRUMSTICK IN COLA

닭봉 10개 정도
콜라 500㎖
간장 3큰술

1. 더치오븐에 콜라와 닭봉을 넣고 숯불에 올려 5분 정도 끓이면서, 거품이 올라오면 깔끔하게 걷어낸다.
2. 거품이 더이상 올라오지 않으면 간장을 넣고 20분 정도 조린다.

※ 국물이 걸쭉해질 때까지 조려도 좋다.

5 클램 차우더
CLAM CHOWDER

바지락 200~250g
화이트와인 100㎖
베이컨 100g
양파 1개
감자 2개
당근 1/2개
버터 1큰술(1/2씩 나눠서 사용)
밀가루 1큰술
우유 300~500㎖
소금, 후추 조금씩
이탈리안 파슬리(생략 가능) 적당량

1. 바지락은 껍질을 문질러서 씻는다. 베이컨과 채소는 1㎝ 크기로 깍둑썬다.
2. 더치오븐에 버터를 1/2큰술 넣고 숯불에 올려, 버터가 녹으면 바지락과 화이트와인을 넣은 뒤 뚜껑을 덮고 찐다. 입이 벌어지면 꺼낸다.
3. **2**의 더치오븐에 베이컨, 양파, 감자, 당근, 나머지 버터를 넣고 젓는다. 밀가루를 뿌리듯이 넣고 볶은 뒤, 우유를 붓고 저으면서 끓인다.
4. 채소가 익으면 소금, 후추로 간을 하고, 바지락을 냄비에 다시 넣고 데운다. 그릇에 담고 잘게 다진 이탈리안 파슬리를 뿌린다.

파스타나 밥에 곁들여도 Good!

6 아쿠아 파차
ACQUA PAZZA

도미(흰살생선이면 모두 OK) **1마리**
바지락, 홍합(생략 가능) **적당량**
마늘 **1쪽**
블랙올리브 **10개**
방울토마토 **4~5개**
타임 **5줄기**
올리브오일 **적당량**
화이트와인 **100㎖**
E.V. 올리브오일 **적당량**
이탈리안 파슬리 **적당량**
후추 **적당량**

1. 도미는 비늘을 벗기고 뱃속을 깨끗이 씻는다. 살이 도톰한 부분에 십자로 칼집을 내서, 속까지 잘 익도록 보기 좋게 완성한다. 조개류는 껍질을 문질러서 씻는다.
2. 마늘은 껍질을 벗겨 얇게 썰고, 방울토마토는 2등분한다. 이탈리안 파슬리는 듬성듬성 썬다.
3. 주물팬에 올리브오일과 마늘을 넣고 숯불에 올려, 향이 나기 시작하면 도미 머리가 오른쪽으로 가게 넣고 굽는다. 노릇해지면 뒤집어서 머리가 왼쪽으로 가게 한다(완성되었을 때 생선의 방향).
4. 조개류, 올리브, 토마토를 넣고 타임을 올린 뒤, 화이트와인을 붓고 뚜껑을 덮어 5분 동안 익힌다.
5. E.V. 올리브오일을 1바퀴 두르고 주물팬 손잡이를 잡아 좌우로 돌리면서 섞어 국물을 유화시킨다.
6. 이탈리안 파슬리를 얹고 후추를 뿌린다.

뒷정리야말로
스마트하게,
상남자답게!

안전제일!
숯 처리는 완벽하게

야외에서 요리를 즐기고 나면 뒷정리가 귀찮고 힘들다. 하지만 처음 왔을 때보다 더 깔끔하게 치우고 돌아가야 진정한 상남자! 특히 숯 처리는 올바른 방법으로 꼼꼼하게 하지 않으면 큰 사고로 이어질 수 있다.
타다 남은 재나 쓰레기를 방치하는 바람에 BBQ가 금지되는 경우도 있는데, BBQ를 할 수 있는 장소가 없어지면 아쉬운 것은 당연히 자기 자신이다. BBQ를 오래오래 기분 좋게 즐기고 싶다면, 당연히 해야 할 일을 잊지 않도록 주의하자.

BBQ를 마친 뒤 가장 골치 아픈 문제는 사용한 숯을 처리하는 일이다. 집으로 돌아갈 시간인데 불이 계속 타고 있을 때도 있고, 꺼진 것처럼 보여도 불씨가 남아 있을 수 있기 때문이다. 캠핑장의 경우 숯을 처리하는 장소가 있으면 그곳의 규칙에 따라 처리한다. 남은 숯을 다시 가져가는 경우에는 조금씩 나눠서 물에 담가두고 불이 완전히 꺼지길 기다리거나, 숯을 더치오븐에 옮긴 뒤 뚜껑을 덮어서 공기를 차단하면 금방 꺼진다. 더치오븐이 식으면 옮긴다. 이렇게 처리하면 큰 숯의 경우는 다시 사용할 수 있다.

스트레스 NO!
설거지는 집에 가서

따뜻한 물이 나오는 장소라면 좋겠지만, 찬물로 재와 기름이 묻은 BBQ 도구를 씻는 것은 매우 힘든 일이다. 그럴 때는 현장에서 씻지 않고 집에 가져가서 깨끗이 씻는 것도 나쁘지 않은 방법이다. 큰 비닐봉지에 설거짓거리를 담아서 아이스박스에 넣으면, 차 안을 더럽히지 않고 가져갈 수 있다. 석쇠나 철판에 달라붙은 고기 조각 등은 불에 올려서 완전히 태워버리는 쪽이 제거하기 쉽다.

머문 자리가 깨끗해야
진정한 상남자!

쓰레기 처리 역시 골치 아픈 일인데, 그렇다고 아무 데나 버릴 수는 없다. 캠핑장처럼 현장에 쓰레기 버리는 곳이 있으면 분리수거 규칙에 따라 처리하면 OK. 집으로 가져갈 경우에는 처리하기 쉽게 분리해서 가져가는 것이 좋지만, 쓰레기 분리 역시 집에서 해도 된다. 쓰레기봉투 입구를 단단히 묶거나, 설거짓거리처럼 빈 아이스박스에 넣으면, 차 안에서 냄새가 나는 것을 막을 수 있다.

EPILOGUE

「Introduction」에서 이야기했듯이 이 책의 주제는 「상남자의 BBQ」입니다.
그런데 「상남자의 BBQ」를 한마디로 정의하는 것은 쉬운 일이 아니었습니다.
결국 3가지 정의를 제안했습니다.

불과 열기를 느끼고,
상황에 따라 숯과 식재료의 위치를 바꿔가며 최고의 상태로 완성하는 기술.
그런 기술을 자연스럽게 사용할 수 있어야 「상남자」라고 생각합니다.

불을 컨트롤하는 일 자체가 쉬운 일이 아닙니다.
또한 식재료에 대해서도 잘 알아야 합니다.
생각처럼 쏙쏙 해낼 수는 없습니다.

고작 BBQ, 하지만 그래도 BBQ!
맛있게 만들기 위해 노력하다 보면 길이가 생길 것입니다.
천천히 그리고 정성껏 요리하다 보면 분명 길이 보입니다.

Okano Eisuke

식재료 색인

소 고 기

레시피명	종류	페이지
미소된장에 재운 곱창구이	곱창	98
비프 햄버그스테이크	다진 고기	27
수제 버거	다진 고기	31
치즈 햄버그스테이크	다진 고기	30
칠리 빈즈	다진 고기	29
타코 라이스	다진 고기	31
로스트 비프	덩어리 고기(설도)	23
로스트 비프 덮밥	덩어리 고기(설도)	25
로스트 비프 샐러드	덩어리 고기(설도)	25
비프 스테이크 + 버섯소스	스테이크용 고기	19
스파이스 스테이크	스테이크용 고기	17
만화 속 뼈다귀고기	슬라이스 고기	35
뼈다귀고기 랩 샌드위치	슬라이스 고기	37
숯불구이	슬라이스 고기	33
비프 스튜	정강이살 또는 힘줄	115
소혀 구이	혀	94

돼 지 고 기

레시피명	종류	페이지
커민향 미트볼	다진 고기	108
돼지고기 소금가마구이	덩어리 고기(목심)	110
로스트 포크	덩어리 고기(목심)	39
등갈비	등갈비	100
허니머스터드 구이	등심	45
허니머스터드 구이 + 생크림	등심	48
미소된장 삼겹살 구이	삼겹살	47
미소된장 삼겹살 구이 + 야키소바	삼겹살	49
삼겹살 볶음밥	삼겹살	43
삼겹살 차슈	삼겹살	41
삼겹살말이 꼬치	삼겹살(대패)	92
돼지항정살 구이	항정살	94

닭 고 기

레시피명	종류	페이지
그릴 치킨	다리살	57
그릴 치킨 + 토마토소스	다리살	60
잠발라야	다리살	61
저크 치킨	다리살	59
탄두리 치킨	다리살	59
탄두리 치킨 파스타	다리살	61
동남아식 닭고기 쓰쿠네	다진 고기	93
스파이시 닭날개구이	닭날개	107
닭봉 콜라조림	닭봉	117
닭모래집과 양송이 아히요	모래집	88
3가지 맛 닭안심 꼬치구이	안심	91
닭뼈 수프	통닭(자투리 고기와 뼈)	54
비어캔 치킨	통닭	51
치킨 리소토	통닭(자투리 고기와 육수)	55
치킨 샌드위치	통닭(자투리 고기)	54
치킨 시오라멘	통닭(자투리 고기와 육수)	55

가 공 육

레시피명	종류	페이지
라타투이	베이컨	116
베이컨 파인애플	베이컨	89
카망베르 베이컨 말이	베이컨	90
클램 차우더	베이컨	118
순무, 루콜라, 생햄 마리네이드	생햄	84
커리부르스트	소시지	89
콘비프와 감자를 넣은 스패니시 오믈렛	콘비프	87

그 밖 의 고 기

레시피명	종류	페이지
로즈메리를 올린 램찹구이	램찹	105
오리고기 로스트	오리 가슴살	97

해 산 물

레시피명	종류	페이지
가리비 소테	가리비 관자	97
굴 & 소라 구이	굴, 소라	64
농어 포일구이	농어	69
아쿠아 파차	도미, 바지락, 홍합	121
클램 차우더	바지락	118
스파이시 방어구이	방어	65
갈릭 쉬림프	새우	66
안초비 브로콜리	안초비	87
삼나무판 연어 허브 구이	연어(생)	102
훈제연어 찹샐러드	연어(훈제)	85
오징어 포일구이	오징어	68
은어 소금구이	은어	63
맛술에 재운 고등어구이	자반 고등어	101
정어리 카나페	정어리 오일절임	85
참치 꼬리살 스테이크	참치 꼬리살	67

가 지

레시피명	페이지
가지구이	71
라타투이	116

감 자

레시피명	페이지
감자 포일구이	96

INDEX

로즈메리 감자	42
비프 스튜	115
콘비프와 감자를 넣은 스패니시 오믈렛	87
클램 차우더	118
탄두리 치킨 파스타	61

당근

레시피명	페이지
당근 라페	84
미소된장 삼겹살 구이+야키소바	49
비프 스튜	115
클램 차우더	118

버섯

레시피명	종류	페이지
삼겹살말이 꼬치	새송이	92
닭모래집과 양송이 아히요	양송이	88
농어 포일구이	좋아하는 버섯	69
비프 스테이크+버섯소스	좋아하는 버섯	19
허니머스터드 구이+생크림	좋아하는 버섯	48

브로콜리

레시피명	페이지
비프 스튜	115
안초비 브로콜리	87
탄두리 치킨 파스타	61

순무

레시피명	페이지
감자와 순무 포일구이	96
순무, 루콜라, 생햄 마리네이드	84

양배추

레시피명	페이지
미소된장 삼겹살 구이+야키소바	49
양배추구이	71

양파

레시피명	페이지
농어 포일구이	69
등갈비	100
라타투이	116
로스트 비프 덮밥	25
로스트 비프 샐러드	25
비프 스튜	115
뼈다귀고기 랩 샌드위치	37
수제 버거	31

잠발라야	61
정어리 카나페	85
치킨 샌드위치	54
칠리 빈즈	29
클램 차우더	118
허니머스터드 구이+생크림	48
훈제연어 찹샐러드	85

토마토

레시피명	페이지
그릴 치킨+토마토소스	60
농어 포일구이	69
라타투이	116
로스트 비프 샐러드	25
뼈다귀고기 랩 샌드위치	37
삼겹살말이 꼬치	92
수제 버거	31
아쿠아 파차	121
오징어 포일구이	68
잠발라야	61
칠리 빈즈	29
커민향 미트볼	108
타코 라이스	31
탄두리 치킨 파스타	61
훈제연어 찹샐러드	85

피망·파프리카

레시피명	페이지
라타투이	116
로스트 비프 샐러드	25
알록달록 채소구이	72
잠발라야	61
훈제연어 찹샐러드	85

밥·면·빵

레시피명	페이지
로스트 비프 덮밥	25
미소된장 삼겹살 구이+야키소바	49
뼈다귀고기 랩 샌드위치	37
삼겹살 볶음밥	43
수제 버거	31
잠발라야	61
치킨 리소토	55
치킨 샌드위치	54
치킨 시오라멘	55
카나페	85
타코 라이스	31
탄두리 치킨 파스타	61

지은이_ 오카노 에이스케

도쿄 스이도바시에 있는 아웃도어 카페이자 바인 「BASE CAMP」의 오너 셰프. 부시크래프트적인 모닥불 요리와 더치오븐 요리, 훈제 요리 등 상남자 요리가 특기이다. BASE CAMP에는 항상 5가지 정도의 훈제 요리가 준비되어 있을 정도로 훈제에 정통하다. 플라이피싱, 사냥, 버섯 채취, 산나물 캐기 등 아웃도어와 음식이 연결되는 일을 즐긴다. BASE CAMP에서 식사하면서 깃털로 낚싯바늘을 만드는 「제물낚시 카페」, 불편함을 즐기는 캠프기획 「상남자 캠프」 등의 행사를 개최하고, 이 밖에 각지의 캠핑 이벤트에도 나간다. 애칭은 A-suke(에이스케). https://www.cafe-basecamp.com/

옮긴이_ 용동희

다양한 분야를 넘나들며 활동하는 푸드디렉터. 메뉴 개발, 제품 분석, 스타일링 등 활발한 활동을 이어가고 있다. 현재 콘텐츠 그룹 CR403에서 요리와 스토리텔링을 담당하고 있으며, 그린쿡과 함께 일본 요리책을 한국에 소개하는 요리 전문 번역가로도 활동하고 있다.

THE OTOKOMAE BBQ RECIPE 77
© EISUKE OKANO 2021
Originally published in Japan in 2021 by Yama-Kei Publishers Co., Ltd., TOKYO.
translation rights arranged with Yama-Kei Publishers Co., Ltd., TOKYO,
through TOHAN CORPORATION, TOKYO and Enters Korea Co., Ltd., SEOUL.
Korean translation rights © 2022 by Donghak Publishing Co. Ltd.
이 책의 한국어판 저작권은 (주)엔터스코리아를 통해 저작권자와 독점 계약한 동학사(그린쿡)에 있습니다.
저작권법에 의하여 한국 내에서 보호를 받는 저작물이므로 무단전재와 무단복제, 광전자 매체 수록 등을 금합니다.

THE 상남자 BBQ 레시피 77

펴 낸 이	유재영	기 획	이화진
펴 낸 곳	그린쿡	편 집	박선희
지 은 이	오카노 에이스케	디 자 인	임수미
옮 긴 이	용동희		

1판 1쇄 2022년 2월 7일

출판등록 1987년 11월 27일 제10-149
주　　소 04083 서울 마포구 토정로 53 (합정동)
전　　화 02-324-6130, 324-6131
팩　　스 02-324-6135
E－메 일 dhsbook@hanmail.net
홈페이지 www.donghaksa.co.kr / www.green-home.co.kr
페이스북 www.facebook.com/greenhomecook
인스타그램 www.instagram.com/__greencook

ISBN 978-89-7190-817-4 13590

- 이 책은 실로 꿰맨 사철제본으로 튼튼합니다.
- 잘못된 책은 구매처에서 교환하시고, 출판사 교환이 필요할 경우에는
  사유를 적어 도서와 함께 위의 주소로 보내주세요.